W0229597

Julius de Goede

Gruß und Glückwunschkarten

kalligraphieren

Julius de Goede

Gruß- und Glückwunschkarten

kalligraphieren

Schriftmuster und Vorlagen

IN FÜNFZIG JAHREN
HABT IHR ERFAHREN
SEGEN DER ZWEISAMKEIT.

DEM GOLENEN KRANZE
UND SEINEM GLANZE
DIES FEST IST GEWEIHT.

LIEBE UND TREUE

Statt Blumen

Einen dicken Kuß!

Augustus Verlag

Die Deutsche Bibliothek – CIP-Einheitsaufnahme

Goede, Julius de:
Gruss- und Glückwunschkarten kalligraphieren : Schriftmuster und Vorlagen /
Julius de Goede. [Aus dem Holländ. übers. von Sebastian Holz] – Sonderausg. –
Augsburg: Augustus-Verl., 1995
ISBN 3–8043–0342–0

Zum Autor:
Julius de Goede, Jahrgang 1944, holländischer
Kalligraph und Fachautor lebt und arbeitet in Utrecht,
Niederlande.

Im Augustus Verlag sind seine folgenden Bücher
erschienen:
Kalligraphie – Schönschreiben lernen, 1989
Schrift. Die schönsten kalligraphischen Alphabete. 1989
Kalligraphie für Einsteiger. 1990
Kalligraphie mit gotischen und Frakturschriften. 1991
Initialien kalligraphieren. 1992
Die schönsten kalligraphischen Alphabete, 1993

Aus dem Holländischen übersetzt von Sebastian Holz,
Utrecht

Das Werk einschließlich aller seiner Teile ist urheberrechtlich geschützt. Jede Verwendung außerhalb des Urheberrechtsgesetzes ist ohne Zustimmung des Verlags unzulässig und strafbar. Das gilt insbesondere für Vervielfältigungen, Übersetzungen, Mikroverfilmungen und die Einspeicherung und Verarbeitung in elektronischen Systemen.

Die Ratschläge in diesem Buch sind von Autor und Verlag sorgfältig erwogen und geprüft, dennoch kann eine Garantie nicht übernommen werden. Eine Haftung des Autors bzw. des Verlages und seiner Beauftragten für Personen-, Sach- und Vermögensschäden ist ausgeschlossen.

Gedruckt auf 120 g elementar chlorfrei
gebleichtem Papier.

Sonderausgabe 1995

Fotos: Annette Hempfling, München
Umschlaggestaltung: Christa Manner, München
Layout: Anton Walter, Gundelfingen
Lektorat: Michael Schönberger
AUGUSTUS VERLAG AUGSBURG 1995
© Weltbild Verlag GmbH, Augsburg
Gesamtherstellung: Appl, Wemding
Printed in Germany

ISBN 3–8043–0342–0

Inhalt

Vorwort 6

Einleitung 7

**Gestaltungsideen und handwerkliche
Techniken** **8**

Kalligraphieren 8

Zum Papier 10

Klappkarten 16

Collagen 17

Farbe 20

Großbuchstaben 21

Stempeln 24

Randschrift 26

Schablonieren 28

Vergolden 30

Prägen 32

Galerie der Karten **34**

Zu Weihnachten und zum Jahreswechsel 36

Zu Ostern 46

Wohnungswechsel 48

Geburtstagswünsche 50

Liebesgrüße 53

Glückwünsche zur Geburt 59

Blumengrüße 63

Besondere Ereignisse 70

Vorwort

Selbstgestaltete Gruß- und Glückwunschkarten bereiten dem Schreiber, mehr noch dem Empfänger, viel Freude. Alle ihre Fähigkeiten und Ideen der Formgebung können Sie nutzen, um einen persönlichen Kartengruß, eine individuelle Schöpfung abseits aller Konfektionsware, die auf die besondere Umstände des Empfängers zugeschnitten ist, zu übermitteln.

Mit der Kunst der schönen Schrift, der Kalligraphie, lassen sich Karten von besonderer Art schaffen. Sie werden sehen, das Schreiben von schönen Texten läßt sich mit anderen kreativen Ausdrucksmöglichkeiten ideal verbinden.

In diesem Buch finden Sie verschiedene Techniken, Bastelvorschläge und Schriftvorlagen, die Sie neue Arbeitsweisen entdecken läßt.

Einleitung

Andererseits können Ihnen die vielen Illustrationen auch als Vorbilder dienen, die Sie nachempfingen und auf die besonderen Anlässe hin, die Ihnen vorschweben, abwandeln können.

Viel Freude bei dieser kreativen Tätigkeit!

Im ersten Teil dieses Buches finden Sie eine Beschreibung möglicher Arbeitsweisen und Techniken, der benötigten Arbeitsmittel und der verwendeten Materialien. Die Technik ist nicht so schwierig; befolgt man alle Anweisungen, wird man in Kürze die nötige Fingerfertigkeit besitzen.

Im zweiten Teil des Buches werden Karten für nahezu alle Anlässe gezeigt mit einer kurzen Erläuterung ihrer Herstellung. Die können Sie zum Vorbild nehmen, aber auch abwandeln und für Ihre Zwecke variieren, indem Sie Ihrer eigenen Fantasie und Ihrem Geschmack folgen und Ihre Ideen mit den Beispielen kombinieren. Sie können andere Farbgebungen wählen, Formen können größer oder kleiner sein, vor allem aber in den Texten können Sie natürlich Ihre eigenen Wünsche verwirklichen. Mit Fantasie und natürlich auch durch die Kombination der Ideen der verschiedenen Karten werden Sie Ihre Ausdrucksmöglichkeiten enorm vergrößern können.

Gestaltungsideen und handwerkliche Techniken

Kalligraphieren

Zur Herstellung von kalligraphierten Glückwunschkarten ist es unabänderlich, daß man die Grundregeln der Schönschrift beherrscht. Zum Erlernen dieser Kunst gibt es sehr gute Bücher im Handel. Sollten Sie das Schönschreiben noch nie probiert haben, dann sind die folgenden Anweisungen sehr wichtig.

Zum Kalligraphieren verwendet man eine besondere Kalligraphiefeder mit einer breiten Spitze. Die gibt es als Füllfederhalter oder als Eintauchfeder. Daneben gibt es Kalligraphie-Stifte in der Form von Faserschreibern und Kunststoffedern. Am besten eignet sich für unsere Arbeit ein Füllfederhalter.

Die Federbreite bestimmt die Buchstabengröße – breitere Federn werden zum Schreiben von größeren und schmalere Federn zum Schreiben von kleineren Buchstaben verwendet. Natürlich variieren wir die Buchstabengröße, somit sollte man verschiedene Federbreiten verwenden.

Beim Schreiben mit der Breitfeder ist zu beachten, daß die gesamte Federspitze das Papier berührt. Eine falsche Federstellung bewirkt bröcklige Linien – eine Seite der Feder liegt dann nicht auf dem Papier.

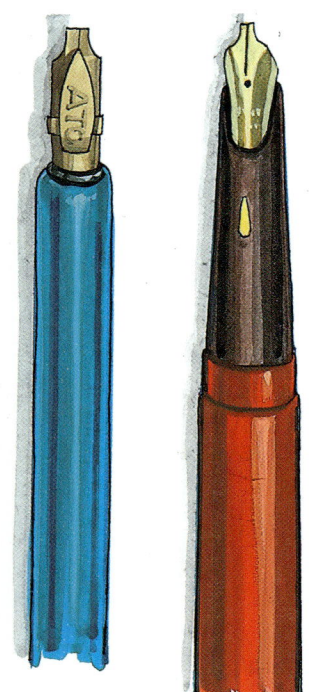

Zum Kalligraphieren benötigen Sie eine Kalligraphiefeder: eine Feder mit breiter Spitze, ausgeführt als Tauchfeder oder Füllfederhalter.

Während des Schreibens bleibt die Feder immer in der gleichen Position, dem Federstand. Die Federspitze bildet mit der Zeile einen Winkel von 30°.

Linkshänder kalligraphieren am besten, indem sie das Papier um 90° drehen.

Auch der *Federstand* ist sehr wichtig: der Winkel zwischen Zeile bzw. Schreibrichtung und Federspitze. Dieser Winkel sollte zwischen 30 und 40 Grad liegen. Der Federhalter zeigt dann in Richtung der Schulter. Linkshänder müssen hierbei die Abbildungen und das Papier um 90 Grad drehen. In dieser Stellung schreiben Sie mehr oder weniger von oben nach unten. Vielleicht erscheint diese Arbeitsweise zu Anfang ungewohnt. Nach einer kurzen Gewöhnungszeit wird man merken, daß es die beste ist.

Bei einem Federstand von ungefähr 30 Grad werden die senkrechten Linien etwas fetter als die waagerechten. Dadurch entsteht in den meisten Fällen ein ausgewogenes Bild der Buchstabenformen.

Solange der Federstand konstant bleibt, sind alle Abstriche gleichmäßig dick. Dies ist die Vorraussetzung für die Regelmäßigkeit des Schriftbildes. Das läßt sich kontrollieren, wenn Sie die Enden der Abstriche vergleichen – sie sollten alle die gleiche Schräge haben.

Die Bögen schwellen gleichmäßig an und ab, sie beginnen dick, werden dünn und danach wieder dick. Es ist wichtig, daß Sie hierbei die Feder nicht drehen, sie muß in derselben Stellung geführt werden – erst dann entsteht der Unterschied von dick und dünn. Die Feder zieht die Linien wie von selbst, man muß sie nur in die richtige Richtung bewegen.

Mit der Breitfeder ist es einfacher, ziehende Bewegungen auszuführen als drückende. Daher sollte jeder Buchstabe aus verschiedenen Bewegungen zusammengesetzt werden, jede von oben nach unten und von links nach rechts.

Am Anfang ist es vielleicht sinnvoll, ein Alphabet nachzuziehen. Dazu verwendet man Transparentpapier oder auch dünnes Schreibpapier (60 Gramm), legt es auf das Alphabet und zieht mit der richtigen Feder die Buchstabenformen sorgfältig nach.

Für Kalligraphie-Füllfederhalter verwenden Sie nur Füllfederhaltertinte in Schwarz oder auch farbige.

Bei der Eintauchfeder eignet sich verdünnte Plakatfarbe, aus der man selber viele schöne Farbmischungen herstellen kann.

9

Zum Papier

Grundlage unserer Gruß- und Glückwunsch-karten ist natürlich das Papier, mit dem wir arbeiten. Im Handel ist eine reiche Auswahl verschiedenster Papierarten erhältlich, die sich alle ausgezeichnet für unsere Arbeiten eignen.

Papier- und Bastelgeschäfte verkaufen aller-lei Papier, aus denen wir Glückwunschkarten herstellen können. Die geeignete Papierart sollten Sie ganz persönlich nach eigenem

Geschmack und Arbeitsstil auswählen. Manchmal wird ein glattes Papier, ab und zu aber auch ein rauhes Papier erwünscht sein.

Es empfiehlt sich, verschiedene Papierarten zu probieren: Sie kaufen nur jeweils einen Bogen und entdecken, welche Papiersorte am besten geeignet ist. Die Investition ist bei dieser Arbeitsweise nicht so groß. Neben losen Bögen kann man einige Papierarten auch als Block kaufen.

Papier wird in verschiedenen Gewichten her-gestellt, von jeder Sorte gibt es dickere und dünnere Varianten. Das Gewicht wird in Gramm pro Quadratmeter ausgedrückt: 80 Gramm ist das Gewicht von Schreibpapier.

Farblich passende Karten und Umschläge, sogar Passepartout-Karten gibt es im Schreibwarenhandel zu kaufen.

Zur Herstellung von Glückwunschkarten ist dickeres Papier besser geeignet, von 120 bis 170 Gramm. Hier eine Aufzählung von Papierarten, die überall erhältlich sind: Weißes Zeichenpapier ist stark und billig (160 Gramm), sehr glattes Zeichenpapier (200 Gramm) von Schoellershammer, Zeichen- und Aquarellpapier der gleichen Marke (225 Gramm), créme-farbenes Japan-Simili-Papier und -Karten (130 Gramm und 225 Gramm). Farbige Papierarten sind Tonpapier, Tonkarton, Ingres Bütten, Ingres Viladon – erhältlich in vielen verschiedenen Farben und Mi-Teintes Canson in 34 Farben. Canson liefert auch Blöcke von 160 Gramm-Papier in 12 Farben, im Format 24 x 32 cm. Es gibt sie auch in dickerem Papier im Format DIN A4 (21 x 29,7 cm) und DIN A3 (29,7 x 42 cm).

Diese Papiersorten sind eigentlich überall erhältlich – es gibt aber noch viel mehr Sorten, die ebenfalls geeignet sind.

Auf jeden Fall sollten Sie eine dicke Papiersorte verwenden – Ziel ist es, daß die Karte stehen kann. Andererseits müssen Sie darauf achten, daß das Papier gut beschreibbar sein sollte: Tinte und Farbe sollten einfach aufgetragen werden können. Ein drittes Kriterium bei der Auswahl des Papiers ergibt sich aus der Tatsache, daß die Karte verschickt werden muß. Wir benötigen einen Umschlag. Die Maße der Karte und des Umschlags müssen übereinstimmen. Am schönsten ist es, wenn Karte und Umschlag aus demselben Papier sind.

11

Zum Papier

Der einfachste Weg zu einem schönen Ergebnis: Sie kaufen einen Bogen farbiges Papier mit passendem Umschlag in einem Papiergeschäft – die Geschäfte haben eine große Auswahl solcher Bögen. Die meisten dieser Bögen haben ein DIN A4 Format, sind also sehr gut dafür geeignet, Karten herzustellen. Man kann auch fertige Karten, sogar mit Passepartout, in den verschiedensten Varianten kaufen. Die Auswahl ist groß, allerdings sind solche Fertigprodukte, wie auch die losen Bögen mit Umschlag, ziemlich teuer. Sollten Sie nur eine Karte herstellen, ist der Preis kein Problem. Zum Verschicken von

größeren Mengen ist es sinnvoll und billiger, das Papier in großen Bögen zu kaufen.

Aus einem großen Bogen Papier – meist im Format 50 x 65 cm erhältlich – können Sie selber kleine Stücke schneiden, um daraus Ihre Karten herzustellen. Ein Vorteil ist, daß Sie selber das Format der Karte bestimmen können. Bei der Wahl des Formates sind zwei Gesichtspunkte zu beachten:

Der Entwurf kann als Ausgangspunkt dienen – er gibt das Format vor. In diesem Fall werden Sie höchstwahrscheinlich keinen passen-

Zum Papier

den Umschlag finden können. Sie müssen ihn selber herstellen und sollten dafür dasselbe Papier verwenden, eventuell eine etwas dünnere Variante.

Es ist auch möglich, vom Format eines Umschlags auszugehen. Dieses bestimmt dann das Format der Karte.

Umschläge lassen sich in kleinen Mengen problemlos herstellen. Als Vorlage dient Ihnen ein gekaufter Umschlag. Lösen Sie die Verklebung vorsichtig: Sie erhalten ein bei-

nahe quadratisches Stück Papier, das in vier Linien gefaltet ist. Es wird nicht schwierig sein, danach ein eigenes Format festzulegen und den Umschlag zu falten und zu kleben.

Zum Versenden von größeren Mengen ist es sinnvoller, in einem Geschäft schöne Umschläge auszuwählen und nach ihnen das Format Ihrer Karten zu bestimmen.

Am gebräuchlichsten sind zwei Formate: das »gewöhnliche«, in das ein DIN A4 Format zweimal in der Mitte gefaltet paßt, sowie das

Zum Papier

»geschäftlich-schmale« auch DIN lang genannt. Der Brief wird auch hier zweimal, nun aber in der Breite gefaltet. Die Größen sind 11 x 16 cm beziehungsweise 10,5 x 15 cm. Bei beiden Umschlägen kann man ein Hoch- oder auch ein Breitformat der Karten verwenden, je nach Entwurf Ihrer Karte.

Auf S. 12 sehen Sie das übliche Briefformat, auf S. 13 das DIN-lang-Format.

Grundform ist eine einfache, flache oder »Plano«-Karte, die nur stehen kann, wenn man sie an einen Gegenstand lehnt.

Eine doppelte Karte steht von selbst, da sie in der Mitte gefaltet ist. Sie wird aus dem doppelten Format der Flachkarte hergestellt und kann in der Längs- oder Querrichtung gefaltet werden. Eine doppelte Karte ist natürlich viel origineller als eine einfache: Man muß sie öffnen, um sie lesen zu können, und sie läßt sich hinstellen. Diese Form läßt viele Gestaltungsmöglichkeiten zu. Die meisten Karten im Galerieteil des Buches, S. 34 ff, sind gefaltet.

Eine Karte läßt sich auch mehrmals falten. So kann zum Beispiel ein Triptychon, das auf verschiedenste Art dreifach klappbar ist, entstehen. Die Flächen müssen dabei nicht einmal die gleiche Größe haben. Wichtig ist bei solchen Karten, daß ziemlich dickes Papier (ab 120 Gramm) verwendet wird, da die Karte sonst nicht steht. Dünnes Papier ist auch möglich, wenn man es doppelt nimmt. Ein Bogen von 80 Gramm, doppelt gefaltet, steht auch noch gut. Diese Methode verwendet man vor allem, wenn zur Herstellung von Glückwunschkarten ein Fotokopierapparat benutzt wird. Auch aus Fotokopierpapier lassen sich schöne Karten herstellen.

Starkes Papier muß für Ihre Karten gerade und rechtwinklig geschnitten werden. Mit einer Schere ist das meist nicht möglich, am besten verwendet man ein Messer, das entlang eines Stahllineals gezogen wird.

Zum Papier

Hölzerne und Plastiklineale sollte man dazu nicht verwenden, da das Messer leicht ins Lineal schneidet, wonach es nicht mehr zu verwenden ist. Als Messer wird ein »Cutter«, ein Abbrechmesser, Papierschneidemesser oder ein Teppichmesser verwendet.

Am besten geeignet sind jedoch Papierschneidemaschinen. Ihr Schnitt ist gerade und glatt, sie sind jedoch sehr teuer. Kleine Schneidemaschinen, wie man sie zum Schneiden von Fotos verwendet, sind preisgünstiger. Sie bestehen aus einer Metallplatte, auf die man das Papier legt. Am Rand wird es dann durch ein Messer an einer Schiene entlang abgeschnitten.

Um freie Formen aus der Hand schneiden zu können, sind im Handel Schwenkmesser erhältlich: Die Spitze ist in allen Richtungen drehbar, so daß die Schneidehand keine unmöglichen Bewegungen machen muß.

Zum Schneiden von Kreisen gibt es besondere Schneidezirkel, die mit scharfen Abbrechmessern ausgestattet sind.

Vor dem Falten des Papiers sollte man die Falzlinie leicht vorritzen, der Knick wird dann haarscharf. Mit einem Falzbein, der stumpfen Seite einer Scherenspitze oder einem anderen harten Gegenstand prägen Sie die Falte an der Außenseite des Papiers an einem Lineal entlang vor.

Klappkarten

Mit dreidimensionalen Karten lassen sich überraschende Effekte erzielen. Teile der Karte können hierbei aus der Fläche hervortreten. Dieser spielerische Effekt ist einfach zu erreichen:

Man kann eine Figur aus der Fläche der Karte selbst ausschneiden. An der Ober- und Unterseite muß diese Figur mit der Karte verbunden bleiben. Beim Auffalten tritt die Figur nach vorn.

Es ist auch möglich, die ausgeschnittenen Teile auf die Karte aufzukleben. Hierzu verwendet man einen dünnen Karton, der in der Form einer Streichholzschachtel-Hülle gefaltet wurde.

Drittens ist es möglich, der ausgeschnittenen Figur eine Klebefläche anzufügen, die im Winkel von 45 Grad genau in den Falz der offenen Karte geklebt wird. Die Figur wird mit der Karte gefaltet und tritt nach vorn, sobald die Karte geöffnet wird.

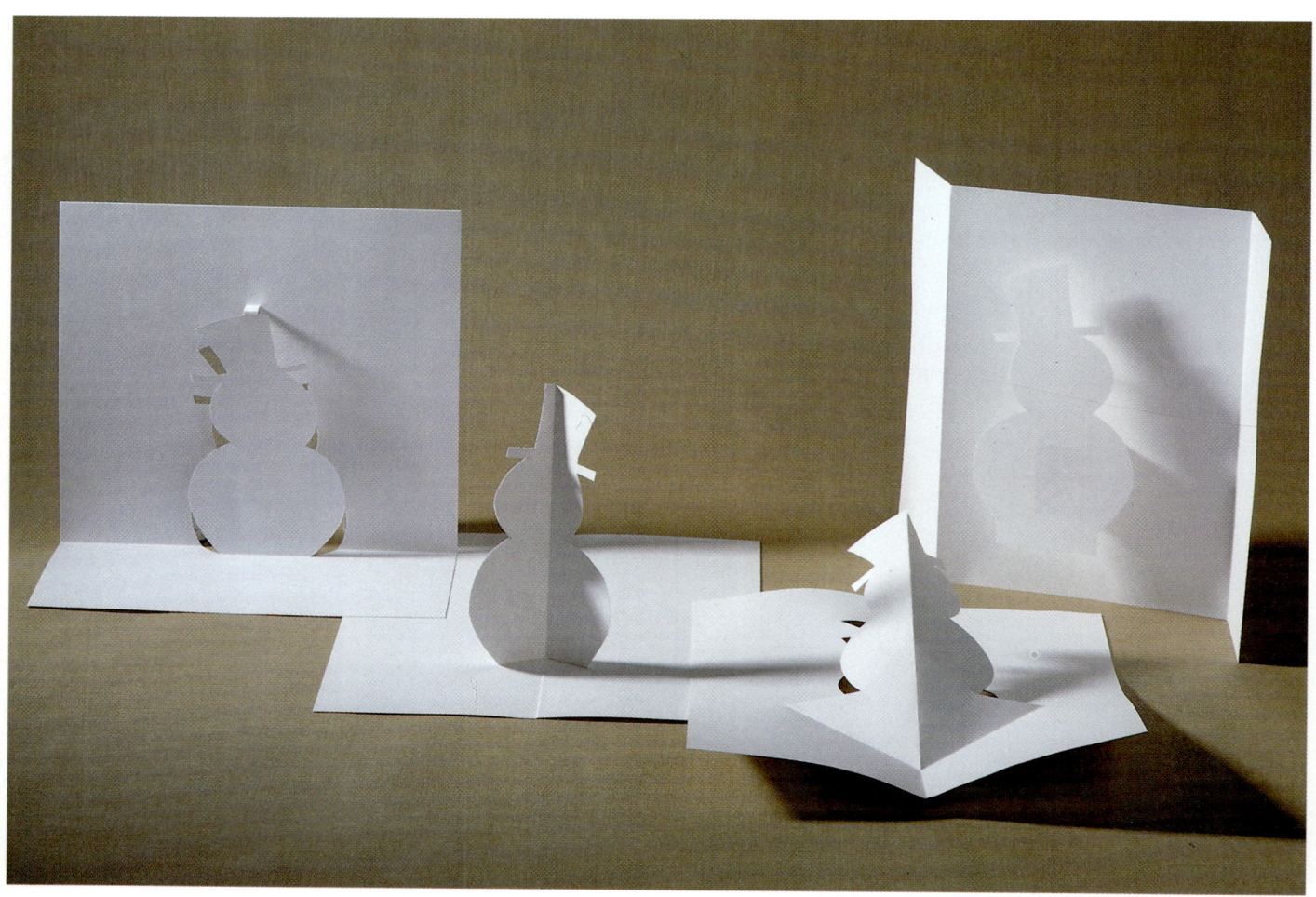

Collagen

Überraschende Effekte lassen sich auf einfache Weise erreichen, indem Sie Formen aus farbigem Papier ausschneiden oder reißen und diese auf Ihre Karte aufkleben. Schon seit dem Altertum sind uns – meist anonyme – Scherenschnittmeister bekannt, die komplizierteste Figuren aus Papier herzustellen vermochten.

Die einfachste Arbeitsweise ist, erst die gewünschte Form mit Bleistift auf das Papier zu zeichnen und sie danach »auszureißen«.

Diese Reißtechnik ergibt grobe Formen, die einen raffinierten Kontrast zu den feinen Formen unserer kalligraphierten Texte bilden. Farbpapier und Tonpapier, aber auch farbiges Transparentpapier eignen sich hervorragend. Reißt man weißes Papier mit einer farbigen Oberfläche, zum Beispiel bedrucktes oder bemaltes Papier, so erhält man durch den weißen Rand auf schwarzem oder farbigem Papier einen besonderen Effekt.

Collagen

Das Reißen ist eine schnelle Technik, die einige Fingerfertigkeit und Gefühl für Farbkombinationen verlangt. Mit wachsender Routine wird es nicht mehr nötig sein, die Figuren mit Bleistift vorzuzeichnen, man reißt oder schneidet sie dann aus der freien Hand.

Werden die Figuren ausgeschnitten, wird ihr Rand glatter. Ob dieser Effekt gewünscht ist, hängt vom persönlichen Geschmack ab.

Vor dem Aufkleben der Figuren auf die Karte sollten Sie erst die Formen auf das Papier legen, und solange arrangieren, bis Sie eine gelungene Komposition gefunden haben. Die beste Variante wird dann geklebt.

Collagen

Collagen müssen nicht nur aus Papier bestehen, auch anderes Material ist geeignet, zu einer interessanten Karte verarbeitet zu werden. Es bieten sich Fotos, Abbildungen aus Büchern oder Zeitschriften, gedruckte Album- oder Glanzbilder sowie Materialien, die für Geschenkverpackungen verwendet werden, an. Ebenso Dekomaterialien wie

Geschenkband und -schnüre, Kunstblumen aus Stoff und Papier, Faltfiguren aus Girlanden, Weihnachtsglocken und -sterne.

Alles, was ziemlich flach auf eine Karte geklebt werden kann, findet Verwendung.

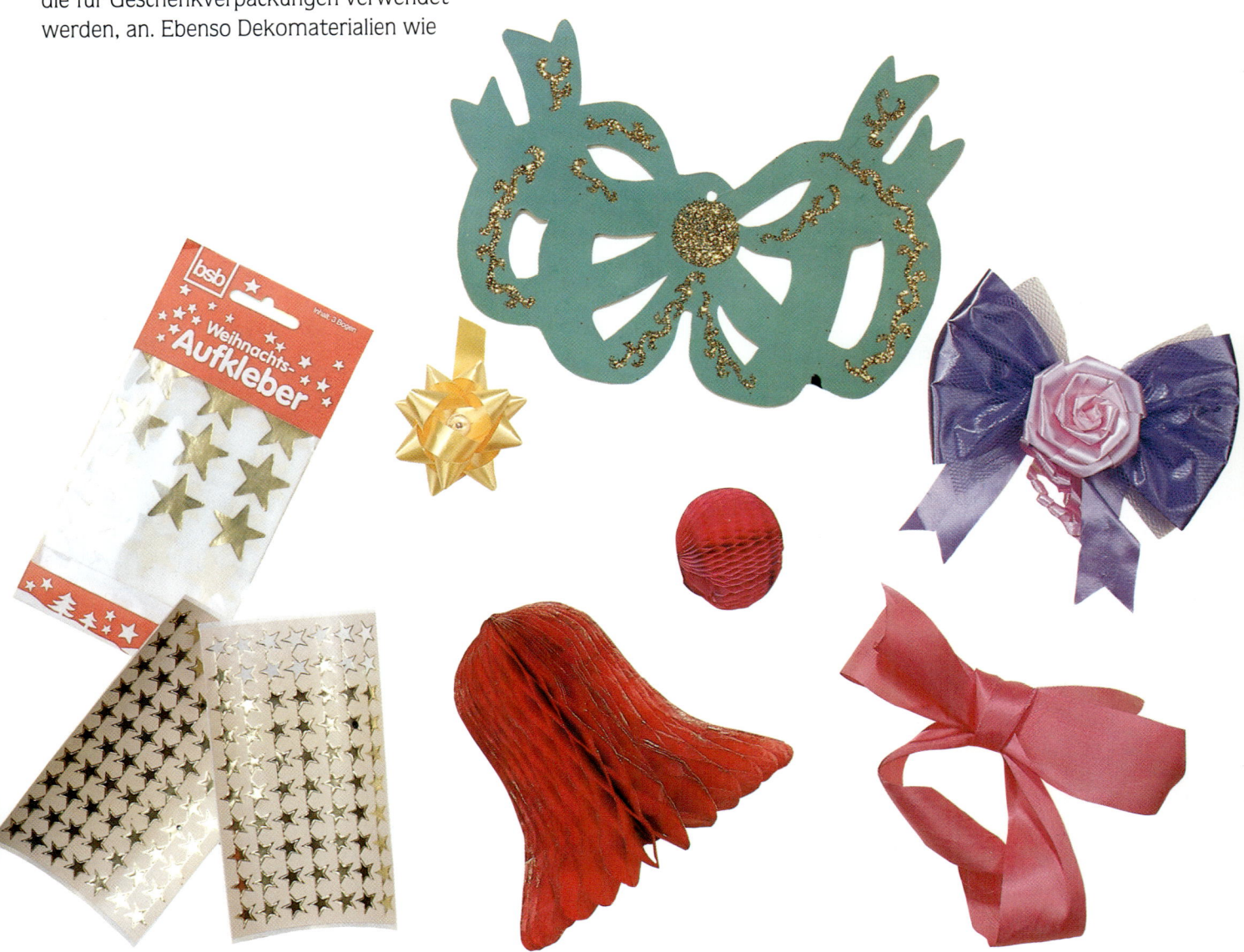

19

Farbe

Eine Gruß- oder Glückwunschkarte kann wie ein Gemälde mit Farbe ausgeführt werden. Da auf Papier gearbeitet wird, ist Wasserfarbe zu empfehlen: Aquarell- oder Plakatfarbe. Beide sind mit Wasser zu verdünnen. Bei Aquarellfarbe verwendet man viel Wasser – die Farben werden transparent; bei Plakatfarbe nur wenig, so daß diese deckend bleibt.

Es ist möglich, die Farben zu mischen, so daß man mit wenigen Grundfarben auskommt. Am besten sollten Sie Tubenfarbe verwenden. Sie läßt sich leichter verarbeiten als Blöckchen oder Farbe aus Töpfen. Man drückt ein wenig Farbe auf eine Palette, mit

einem Pinsel werden einige Tropfen Wasser beigegeben. Erst nur wenig Wasser, bleibt die Farbe zu dick, folgen noch einige Tropfen. Die Farbe sollte gut streichbar sein und glatt trocknen.

Sollten Sie wenig Erfahrung im Malen haben, empfiehlt es sich, erst in kleinen Flächen zu beginnen: Eine Bleistiftzeichnung wird mit Farbe ausgemalt. Im Lauf der Zeit wird diese Technik immer weniger Probleme bereiten und auch das Mischen der Farben wird dann besser von der Hand gehen.

Übrigens sind für Gruß- und Glückwunschkarten alle anderen Maltechniken ebenfalls zu empfehlen.

Großbuchstaben

Man kann mit Plakatfarbe sehr gut schreiben, wodurch eine Einheit von Kalligraphie und Verzierung entsteht. Mit einem Pinsel streichen Sie die verdünnte Plakatfarbe in das Reservoir der Feder. Auf einem Skizzenpapier zieht man einige Linien, um die überschüssige Farbe abzustreichen. Danach werden die Buchstaben geschrieben. Mit Plakatfarbe zu schreiben ist schwieriger als mit Tinte, allerdings werden die Buchstaben viel schöner – es lohnt sich sicherlich auch, diese Technik zu üben. Ihre Glückwunschkarten werden dadurch noch schöner.

Es wird vorkommen, daß Sie auf der Karte eine Textpassage, ein Wort oder eine Jahreszahl hervorheben wollen in einem größeren Format als den Rest des Textes. Einen solchen Buchstaben sollte man erst mit Bleistift vorzeichnen und danach mit einer oder mehreren Farben ausarbeiten.

Zum Schreiben großer Buchstaben gibt es allerdings auch flache, breite Pinsel, die wie eine Breitfeder gehandhabt werden. Solche *Plakatschreiber* sind für die Verwendung von Plakatfarbe konzipiert. Im Handel findet man sie in verschiedenen Breiten, variierend von einigen Millimetern bis zu einigen Zentimetern.

Man taucht den Pinsel in die Farbe und streicht ihn danach mehrmals gut am Rande des Farbgefäßes ab. Dieser Rand sollte scharf sein, da die meiste Farbe aus den Haaren gestrichen werden muß, so daß die Spitze des Pinsels ganz flach wird.

Die ersten Schreibversuche sind sicherlich erst einmal schwierig. Sie sollten darauf achten, daß nur die Spitzen der Haare das Papier »streicheln«. Die Haare dürfen sich nicht durchbiegen, die Strichstärke würde dann zu grob. Hat man die richtige Technik gefunden, so sind die Linien genauso randscharf wie bei den Buchstaben, die mit der Breitfeder geschrieben wurden. Nach jedem Strich sollten Sie den Pinsel wieder in die Farbe tauchen und abstreichen. Dadurch entsteht die Gleichmäßigkeit der Linienschärfe und der Farbsättigung.

Großbuchstaben

Mit dem Pinsel kann man ausschließlich Bewegungen in Richtung des Körpers machen. Sobald Sie drückende Bewegungen ausführen, schlagen die Haare um und es entstehen häßliche, grobe Formen.

Es empfiehlt sich, erst auf Skizzenpapier zu üben. Am billigsten ist es, dazu eine alte Zeitung zu verwenden: Das Papier eignet sich gut zum Beschreiben mit Farbe. Nehmen Sie eine kräftige Farbe, dann werden die Zeitungsbuchstaben überdeckt – sie stören dann

weniger. Man kann die Zeitungsbuchstaben auch als Hilfslinien verwenden, dann haben sie sogar noch einen Nutzen! Unbedrucktes Zeitungspapier wird manchmal auch in Malgeschäften verkauft – es ist das billigste Skizzenpapier. Ihre Entwürfe zu den Glückwunschkarten können Sie auch auf diesem Papier ausführen. Man kann sie mit Bleistift vorzeichnen, es empfiehlt sich allerdings, sofort mit Pinsel und Farbe zu beginnen – man sieht das Ergebnis dann besser.

Die Dicke der Farbe beeinflußt ihre Streich-
barkeit, wässrige Farbe fließt gut und ist gut
streichbar. Eine zu dicke Farbe läßt die Linien
brechen. Damit sollten Sie auch experimentieren, da man interessante Effekte erzielen
kann. Einerseits kann es sinnvoll sein, kräftige Farben zu benutzen und diese mit einer
gestochen scharfen Buchstabenkontur zu
kombinieren, andererseits können unterbro-
chene Linien in einer zarten Farbe für
bestimmte Karten auch wiederum aus-
drucksstark wirken.

Wenn die Farbe trockener wird und im Pinsel
nicht mehr so viel Farbe ist, kann man die
Struktur einzelner Haare auf dem Papier
sehen. Auch dieser »körnige« Effekt kann zur
Kalligraphie verwendet werden.

Die Struktur des Papiers beeinflußt die Lini-
enstruktur des Pinselstriches. Hat das Papier
eine grobe Struktur, wie zum Beispiel Aquarellpapier, werden die Linien rauher und mar-
kanter. Ein Übungspapier, das in mancher
Hinsicht teurem Aquarellpapier ähnelt, ist
einfache Tapete. Auch die gedruckten Figuren und Motive auf der Tapete, Blumen,
Figuren und Landschaften, können zur Verzierung von Glückwunschkarten Verwendung finden.

Es empfiehlt sich, mit verschiedenen Papierarten erst zu experimentieren. Einen besonderen Effekt erreichen Sie, wenn Sie mit
zwei Farben zugleich schreiben: Sie tauchen
den Pinsel mit einer Ecke in die eine Farbe,
mit der anderen in die zweite Farbe. In der
Mitte der Linie mischen sich diese zwei Farben, wodurch ein harmonischer Übergang

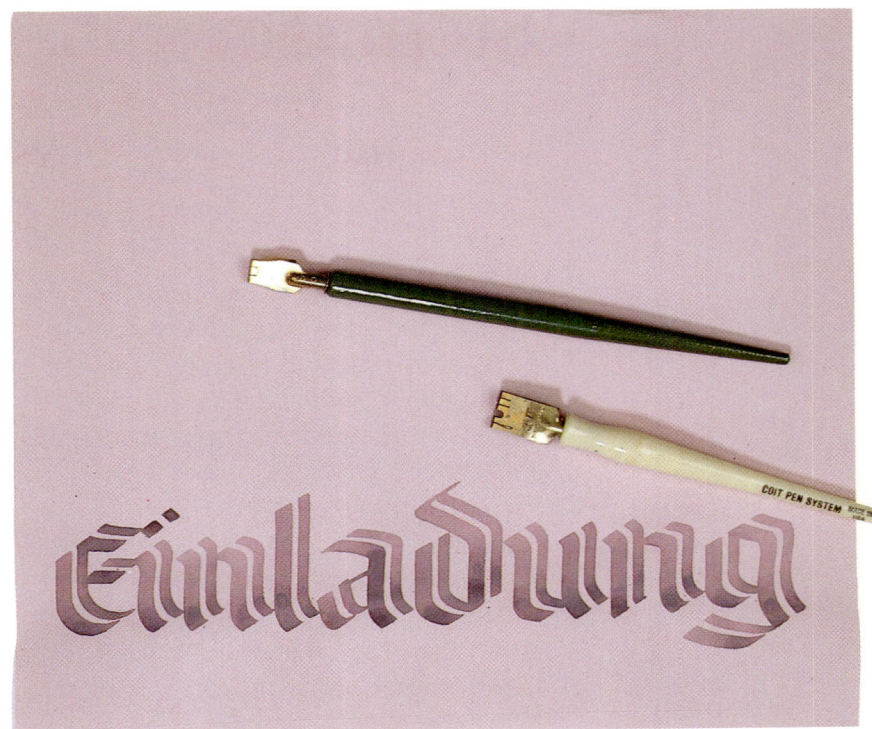

entsteht. Ein Beispiel: Dunkelbraun an der
einen Seite nach Beige verlaufend.

Die Großschrift, ein einzelnes Wort oder eine
Jahreszahl können Sie natürlich auch mit
einer sehr breiten Feder, einer sogenannten
Plakatfeder, schreiben. Solche Federn kann
man bis zu einigen Zentimetern breit kaufen.

Wie der Name bereits sagt, sind Plakatfedern
vor allem für Plakatfarbe hergestellt, mit
Tusche lassen sie sich aber auch benutzen.

Sehr breite Federn können aus mehreren
Teilen zusammengesetzt sein. Auf diese Art
schreibt die Feder eine doppelte oder drei-
fache Linie. So kann man auf recht einfache
Weise einen originellen Buchstaben schreiben.

Durch ihre besondere Form fallen die Buchstaben, die mit dieser Feder geschrieben
wurden, besonders auf – es entstehen neue
dekorative Elemente für besondere kalligraphische Karten.

Stempeln

Eine äußerst dekorative und zugleich simple Methode zur Verzierung von Karten ist das *Stempeln.* Mit einem Stempel wird eine bestimmte Figur auf das Papier gedruckt, durch wiederholtes Stempeln können daraus ganze Muster entstehen.

Als Stempel können Sie alle Gegenstände verwenden, die eine besondere Form haben und mit Farbe oder Tinte eingestrichen werden können. Es ist mit ein wenig Fingerfertigkeit möglich, selber Formen aus diversen Materialien zu schneiden. Geeignet sind

hierzu Kartoffeln, die sich leicht schneiden lassen, aber auch Gummi, Radiergummi, Kunststoff und diverse Plastiksorten lassen sich in Stempel verwandeln. Jeder Gegenstand, der eine markante Form hat bzw. erhalten hat, kann zum Stempeln verwendet werden.

Das Stempeln ist eine Technik, die sich besonders eignet, konkrete Motive aufs Papier zu bringen. Diese Motive können abstrakte Figuren sein. Es ist aber auch möglich, Formen aus der Natur (Blumenmotive, Ranken und Blätter) zu stempeln.

Die gestempelten Formen haben eine andere Struktur und einen anderen Charakter als gemalte Figuren. Sie werden zum einen durch die Schneidetechnik und zum anderen durch die Struktur der Stempelfarbe oder -tinte beeinflußt. Durch Stempeln können Sie

auf einer kalligraphischen Glückwunschkarte besonders farben-
frohe Effekte erzielen.

Das Schneiden eines Kartoffelstem-
pels ist nicht schwierig: Nehmen Sie
ein Exemplar in gewünschter
Größe – die Kartoffel sollte natürlich gründlich gewaschen und danach
mit einem scharfen Messer in einem
Schnitt halbiert werden. Es lassen sich
beide Hälften benutzen – für einen
Stempel ist jedoch eine Hälfte genug.

Aus der Schnittfläche schneiden Sie
nun die Teile heraus, die *nicht* drucken sollen
– die Druckform bleibt übrig. Mit zunehmen-
der Routine wird es immer einfacher, die
Formen ohne Vorlage zu schneiden. Am
Anfang ist es empfehlenswert, die Formen
erst auf Papier zu zeichnen. Diese Form
schneiden Sie aus und legen Sie *umgekehrt*
auf die Schnittfläche der Kartoffel. Sie bleibt
von selber kleben. Die restliche Fläche der
Kartoffel wird ungefähr 0,5 cm tief weggeschnitten; übrig bleibt die Figur leicht erhöht
– der eigentliche Stempel.

Diesen tauchen Sie nun in einen Teller mit
verdünnter Plakatfarbe im gewünschten
Farbton und drücken ihn auf das Papier. Vor
dem nächsten Druckvorgang muß der Stempel nicht unbedingt wieder in die Farbe
getaucht werden: Er kann mehrmals verwendet werden, wobei allerdings die Farbe
immer heller wird. Wird die Farbe zu
schwach oder will man mit einer anderen
Farbe weiter drucken, taucht man ihn erneut
in den Teller.

Als Vorlage für einen Stempel können Abbildungen aus Büchern oder Zeitschriften dienen. Man kann Blattmotive oder Blumen
ausschneiden. Auch echte Blumen oder Blätter können Sie in die Farbe oder Tusche tauchen und diese dann auf dem Papier abdruk-
ken. Trockenblumen oder Figuren aus Papier,
die ausgeschnitten sind, lassen sich ausgezeichnet stempeln.

Druckt man dieselbe Form mehrere Male
hintereinander, vielleicht in verschiedenen
Farben, oder auch halb übereinander, entstehen überraschende Farbkompositionen.

Wichtig ist, daß das ausgeschnittene Motiv
klar und deutlich ist und eine einfache Kontur
besitzt. Dies vereinfacht dann auch die Arbeit
und läßt das Resultat in der Wiederholung zu
einer harmonischen Einheit verschmelzen.

Randschrift

Eine Randschrift ist ein Text, der in einem Kreis geschrieben wurde, wie auf einer Münze. Solche Randschriften lassen sich auf Glückwunschkarten gut verwerten.

Der Text wird in den Zwischenraum zweier Kreise geschrieben – der eine Kreis bildet die Grundlinie, der andere die Obergrenze der Buchstaben. Die Größe des kleinen Kreises orientiert sich an der Länge des Textes. Um die richtige Länge zu finden, muß man den Text erst auf einer geraden Linie schreiben. Dann läßt sich die Länge einfach messen!

Der Radius eines Kreises sollte ungefähr 1/6 der Länge des Textes betragen. Die Höhe der Buchstaben muß für den Radius des Außenkreises noch addiert werden.

Vom Mittelpunkt des Kreises aus ziehen Sie gerade Linien, wie Strahlen einer Sonne, die die Richtung der Abstriche der Buchstaben bestimmen. Alle Hilfslinien – auch die Kreise – ziehen Sie mit einem dünnen Bleistift, da sie später wegradiert werden müssen. Man muß darauf achten, daß die Buchstaben, die im Kreis geschrieben werden, an der Oberseite breiter als an der Unterseite sind.

Vor der Reinschrift sollte man sich eine Kompositionsskizze anfertigen.

Randschrift

Eine Randschrift kann in einem Zuge geschrieben werden. Es ist aber auch möglich, zwischen Anfang und Ende des Textes eine Lücke zu lassen, die später mit einer Verzierung ausgefüllt wird. Einen besonderen Effekt erhält man, wenn man den Text in zwei Teilen schreibt, beide von links nach rechts: die eine Hälfte auf das obere Halbrund, die andere auf das untere Halbrund.

Die zarten Bleistift-linien werden anschlie-ßend mit weichem Radiergummi behut-sam entfernt.

Schablonieren

Eine andere Technik des Übertragens von Figuren auf eine kalligraphische Glückwunschkarte ist das *Schablonieren.* Dabei schneidet man eine Form aus einem bestimmten Material, die als Basis für eine oder mehrere gleichförmige Reproduktionen dient. Sowohl die Figur selber als auch das Material, aus dem sie geschnitten wurde, nennt man Lehre, Schablone oder Maske.

Das Material, das zum Schneiden verwendet werden sollte, muß dünn und kräftig sein. Je kräftiger es ist, desto öfter kann man die Schablone benutzen. Dünne Metallschablonen werden zur Beschriftung von Holzkisten verwendet. Für unsere Karten eignet sich bereits dickes Zeichenpapier, zum Beispiel Elfenbeinkarton oder Klarsichthüllen. Zum Schneiden sollten Sie ein Messer verwenden.

Beim Ausschneiden entstehen eine *Positiv-Form* und eine *Negativ-Form:* die Schablone mit einem Loch und die Figur, die aus diesem Loch gefallen ist. Beide Formen sind zum Schablonieren verwendbar.

Zunächst können Sie die Figur auf die Karte legen und mit Farbe bestäuben. Nimmt man die Figur weg, bleibt sie als weiße Fläche auf dem gefärbten Papier sichtbar.

Es ist auch möglich, die Schablone mit dem Loch auf die Karte zu legen und sie dann mit Farbe zu bestäuben – die Farbe kann das Papier an der Stelle der Aussparung erreichen. Das Resultat ist eine Figur, die Farbe und Struktur hat.

Um ein Verrutschen der Schablone zu verhindern, sollte man sie mit ein paar Nadeln auf dem Untergrund befestigen. Mittels einer alten Zahnbürste und eines feinen Siebes, z.B. aus der Küche, reiben Sie Wasserfarbe, verdünnte Plakatfarbe oder Tusche über Papier und Schablone. Durch die Löcher des Siebes, fallen kleine Spritzer auf die Schablone und auch durch das Loch in der Schablone aufs Papier.

Ein ähnliches Resultat erreicht man bei der Verwendung eines Verstäubers, z.B. einer Fixierspritze, bei der das eine Ende in den Mund genommen wird und das andere Ende in die Farbe getaucht ist. Auch eine Spritzflasche, z.B. ein Pflanzenbestäuber, wenn er sehr fein verstäubt, läßt sich für diese Technik verwenden.

Ein- und dieselbe Schablone kann wiederholt verwendet werden, auch mit verschiedenen Farben. Die Schablone läßt sich auch umgekehrt verwenden, die Abbildung ist dann spiegelverkehrt. Aber man muß darauf achten, daß die Farbe auf der Vorderseite der Schablone völlig trocken ist!

Aus mehreren Schablonen lassen sich kompliziertere Figuren zusammenstellen. Werden die Schablonen sorgfältig behandelt, kann man sie oftmals für verschiedene Muster verwenden.

Es ist darauf zu achten, daß die Figur aus einem ziemlich großen Stück geschnitten wird, auf jeden Fall muß das Papier so groß sein, daß es das Format der Karte völlig bedeckt. Sollte die Schablone nicht groß genug sein, können Sie das schöne Kartenpapier mit einer Zeitung bedecken. Nach jeder Benutzung muß die Schablone trocknen, bevor man sie für eine neue Abbildung verwendet. Flecken und Farbspritzer auf der Glückwunschkarte muß man peinlichst genau zu vermeiden suchen.

Vergolden

Gold verleiht Ihrer Glückwunschkarte eine besondere Wertigkeit. Neben Farben ist Gold ebenso wie Silber und andere Metallfarben gut zu verarbeiten – Ihre Karten sehen edel und vornehm aus. Ein einziger Goldrand oder Stern kann Ihre Arbeit bereits in ein festliches Ganzes verändern.

Echtes Gold ist sehr kostbar. Es läßt sich auch nur schwierig verarbeiten. Es empfiehlt sich, mit den verschiedenen Goldimitationen, die im Handel erhältlich sind, zu arbeiten.

Goldfarbene *Plakatfarbe* läßt sich einfach, mit Wasser verdünnt, mit einem Pinsel oder mit der Eintauchfeder auf das Papier bringen. Die Arbeitsweise wurde bereits bei der Plakatfarbe beschrieben. Die Goldfarbe läßt sich mit anderen Farben mischen, so daß die anderen Farben einen leichten Goldglanz erhalten. Sie erhalten einen überraschenden Effekt, der Ihre Karten verschönern kann.

Goldtusche ist schwieriger zu verarbeiten, sie ist oft dick, beinahe sirupartig. Das Bindemittel scheidet sich schnell von der Goldfarbe. Die Tintengläser müssen während der Arbeit regelmäßig geschüttelt werden.

Ideale Verzierungsmittel sind *Goldstifte*. Man kann sie in verschiedenen Sorten kaufen: als normalen Schreibstift, der in einer Linie schreibt, oder aber als Breitschreiber, mit dem man gut kalligraphieren kann. Die Goldfarbe ist meist schön und kräftig.

In Bastlergeschäften kann man Goldfolien kaufen, die entweder mit Schmelzkleber beschichtet sind und durch Wärme oder auch einen besonderen Leim auf das Papier übertragen werden können. Diese *Goldfolien* werden benutzt, um goldene Buchstaben auf Buchumschläge zu stempeln – sie sind ziemlich lichtecht.

Selbstklebende Kunststoffolien, die für Aufkleber Verwendung finden, können auch benutzt werden. Die Buchstaben sollten akkurat ausgeschnitten werden, allerdings strahlen sie immer etwas Künstliches aus.

Zur Herstellung von goldenen Collagen kauft man am besten Gold- oder Silberfolie in einem Schreibwarengeschäft.

Die Verarbeitung von Blattgold ist recht kompliziert und erfordert die Anschaffung besonderer und teurer Arbeitsmittel. Solche Arbeitsmittel werden nur in einigen wenigen Fachgeschäften für Vergoldung bzw. Künstlerbedarf verkauft. Für die Herstellung von Glückwunschkarten ist diese teure Technik nicht geeignet. Sollten Sie jedoch mit Gold arbeiten wollen, ist zu empfehlen, erst mit goldener Plakatfarbe zu üben.

Prägen

Dekorative Formen können auch ins Papier gepreßt werden. Dazu drückt man einen Gegenstand einfach aufs Papier, das an der Prägestelle leicht angefeuchtet sein sollte. Sie legen das Papier auf die Prägeform und drücken mit einem Tuch oder sauberen Fingern das Papier erst leicht, dann, sobald die Form im Papier erkennbar wird, immer stärker um den Gegenstand. In der Oberfläche des Papiers ist nun die Form des Gegenstandes abgebildet.

Auch mit einer einfachen Schraubzwinge aus dem Werkzeugkasten läßt sich prima prägen: Man muß nur zwei ausreichend starke und stabile Platten zwischen Zwinge und Prägeform legen und dann zuschrauben.

Auf diese Art lassen sich verschiedene flache Gegenstände prägen: Münzen, Deckel und natürlich alle Formen, die Sie selber aus Karton geschnitten haben. Am schönsten ist es, selber diese Prägeform zu entwerfen. Dazu wird wie folgt gearbeitet.

Die Prägeform wird mit etwas Leim auf die richtige Stelle eines Blattes Papier geklebt. Das Format des Papiers entspricht dem der Glückwunschkarte. Danach legt man die Form auf eine größere Hartfaserplatte. Das Prägepapier wird im ganzen befeuchtet, mit einem nassen Tuch auf Vorder- und Rückseite. Vorsichtig legt man nunmehr das nasse Papier exakt über die Prägeform. Dabei ist darauf zu achten, daß keine häßlichen Falten entstehen – sie sind nicht mehr zu reparieren! Auf das Papier legt man ein trockenes Tuch und darüber wiederum eine Hartfaserplatte. Diese gesamte Konstruktion wird nun auf einen flachen Untergrund gelegt und mit einem Stapel Bücher oder einem anderen Gewicht beschwert. Dazu können auch Ziegel oder Pflastersteine benutzt werden. Nach einem Tag ist die Prägeform getrocknet und im Papier gut erkennbar.

Das beste Arbeitsmittel zum Prägen ist eine eiserne Stockpresse, wie sie vom Buchbinder verwendet wird. Ihr Druck ist gleichmäßiger und stärker. Allerdings haben diese Pressen den Nachteil, daß sie ziemlich teuer sind und auch nur in wenigen Spezialgeschäften erhältlich sind. Eine gute Alternative ergibt sich, indem man zwei starke Bretter mit Holzzwingen aufeinanderschraubt. Auch eine alte Wäschemangel eignet sich zum Prägen: Sie drehen das feuchte Papier und die Präge-

form durch die Mangel und trocknen es danach unter Druck.

Das Stofftuch kann durch ein Stück Filz ersetzt werden. Dadurch bleibt das Papier glatt und bewahrt seine ursprüngliche Struktur. Durch das Pressen mit einem Stofftuch wird auch die Textur des Gewebes auf das Papier übertragen. Je nachdem wie grob das verwendete Gewebe ist, können Sie verschiedene Strukturen als Verzierung anbringen.

Prägeformen sollten mit der Hand geschnitten werden. Zunächst wird der Entwurf als Skizze ausgeführt; die Formen werden genau mit einem spitzen Bleistift gezeichnet. Der Entwurf wird auf ein Stück Karton übertragen und mit einem scharfen Messer vorsichtig ausgeschnitten. Die Prägeform ist nun fertig. Es ist nicht nötig, besonders dicken

Karton zu verwenden – dünnere Kartonsorten kann man auch mit der Schere schneiden.

Die Arbeitsweise ist eigentlich einfach, verlangt aber große Genauigkeit. Daher ist zu empfehlen, erst mit einfachen Formen zu beginnen, so die Technik zu erlernen und mit verschiedenen Arbeitsweisen zu experimentieren.

Auch die Gegenform, der Karton aus dem der Buchstabe geschnitten wurde, kann zum Prägen verwendet werden. Das Resultat ist dann eine Form, die nicht auf, sondern *ins* Papier geprägt wurde. In beiden Fällen zeigt sich ein überraschendes Spiel von Licht und Schatten. Dieser Effekt gleicht dem Schattenspiel eines Reliefs.

Galerie der Karten

Kalligraphische Glückwunschkarten sind eine Verbindung eines handgeschriebenen Textes mit einer oder mehreren Verzierungstechniken, wie sie im ersten Teil des Buches beschrieben wurden. Für diese kreative Beschäftigung benötigt man neben etwas gutem Geschmack fürs Kalligraphieren auch Phantasie, um die passende Verzierungstechnik zu einem bestimmten Entwurf auszuwählen.

In den folgenden Illustrationen, die thematisch gegliedert wurden, sollten Sie genügend Inspiration für eigene Arbeiten finden. In einigen Fällen wird der Text und die Art, wie er kalligraphiert wurde, im Vordergrund stehen; manchmal wird die handwerkliche Ausführung der Karte das Wichtigste sein. Die ausgewählten Texte lassen sich natürlich verändern – Sie können sie ohne weiteres Ihren eigenen Wünschen anpassen.

Ohne Schwierigkeiten kann man Gestaltungsideen der einen Karte mit Texten einer anderen kombinieren. Sie können malen anstelle zu stempeln oder schneiden anstelle

Das neue Jahr hat grad begonnen,
die ersten Vorsätze sind zerronnen.
Was soll's! Es gibt jetzt kein Zurück!
Zum...

Die besten Wünsche zur Geburt Eures Kindes

zu reißen. Das Schönste an dieser Arbeit sollte gerade die absolute Freiheit sein, die Sie bei der Ausführung haben.

Einige Techniken scheinen anfangs recht schwierig. Gerade wenn Sie eine bestimmte Technik zum ersten Mal ausprobieren, sind Probleme unvermeidlich. Für alle Arbeiten sollten Sie eine gewisse Fingerfertigkeit entwickeln, die im Laufe der Zeit unter ständiger Wiederholung wie von selber entsteht. Je freier man im Gebrauch der verschiedenen Techniken und Materialien wird, desto größer werden die Fähigkeiten.

Versuchen Sie nicht ängstlich zu sein, Ihr Können an kompliziert aussehenden Techniken zu kontrollieren – meist sind diese einfacher, als sie scheinen. Auch wenn Sie ängstlich sind, daß eine bestimmte Karte mißlingen könnte, ist das einzige, was zu verlieren wäre, ein wenig Zeit und einige Blätter Papier. Sie sollten auch bedenken, daß man aus jedem Fehler lernt: Aus jedem mißglückten Stück können Sie erkennen, wie Sie nicht arbeiten sollten! Mit einer geänderten Arbeitsweise wird es dann besser gehen!

Eine Fundgrube der kalligraphischen Möglichkeiten und reizvolle Gestaltungsvorschläge, wie sie nachfolgend behandelt werden.

Frohes Weihnachtsfest

Zum Weihnachtsfest findet man viele verschiedene Attribute, die zur Herstellung einer fröhlichen Karte verwendet werden können: Sterne, Glocken und Weihnachtsbäume können auf die vielfältigste Art verarbeitet werden.

Auf die rechte Seite dieser gefalteten Doppelkarte wurde ein violettes Papier geklebt. Es ist etwas kleiner als das halbe Format der Karte, wodurch um das Papier ein grüner Rand sichtbar wird. Ein einfacher Kunstgriff, der Karte ein freundliches Äußeres zu geben.

Auf die Unterseite wurde der Text geschrieben. Auf einem dunklen Untergrund kann der Text auch mit einer hellen Plakatfarbe geschrieben werden. Die unbeschriebene linke Seite der Karte können Sie mit Ihrem Namen oder einem persönlichen Text versehen.

Über dem kalligraphierten Text ist ein »Sternenhimmel« entstanden, indem einige goldene Sterne, die man in verschiedenen Größen kaufen kann, aufgeklebt wurden. Die Komposition der Sterne ist willkürlich – es können mehr, aber auch weniger sein.

Durch den goldenen Rahmen um die Karte entsteht die benötigte Einheit von Sternenhimmel und Text. Eine einzige Linie um einen Text wird jeder Karte bereits etwas Vornehmes geben.

Frohe Weihnachten

Ein überraschender Effekt entsteht, wenn Sie einen Weihnachtsbaum aus weißem Papier, zum Beispiel aus Elfenbeinkarton, ausschneiden. Wenn Sie dabei das Papier doppelt nehmen, entstehen zwei identische Weihnachtsbäume. Beide werden in der Längsrichtung in der Mitte scharf gefaltet.

Sie benötigen noch drei Blätter farbiges Papier, die verschiedene Formate haben sollten, so daß – wenn man sie übereinanderlegt – jeweils ein farbiger Rand entsteht. Auch sie werden in der Mitte gefaltet. Der Text wird auf das oberste und auf das Blatt darunter geschrieben. Über und unter dem Text wird das oberste Blatt eingeschnitten, wodurch der Text nach vorn geklappt werden kann. Dadurch wird auch der untere Text sichtbar.

Nun kleben Sie die drei Blätter in der Falzlinie aneinander, in die Mitte werden die Weihnachtsbäume geklebt. Das Ganze läßt man unter Gewicht trocknen. Die Karte kann in einem Umschlag in derselben Farbe wie das Außenblatt verschickt werden. Geöffnet kann man sie aufstellen, der Text ist dann lesbar.

Während der Weihnachtsbaum mit der Faltung in den Bund der Karte zeigt, muß der Schriftzug nach außen gefaltet werden.

Frohe Weihnachten

Eine Weihnachtskarte kann mit »echten« Glöckchen verziert werden, wenn man die bekannten Faltglocken aus Papier verwendet, wie sie in der Weihnachtszeit in allen Warenhäusern erhältlich sind.

Sie falten eine Karte aus kräftigem Karton in drei Teile, wobei die beiden Seitenfächer zusammen ebenso groß sind wie das Mittelfach. Im Mittelfach ziehen Sie mit einem Zirkel zwei Halbkreise, deren Mittelpunkte genau auf der Faltlinie liegen und verschiedene Höhe haben. Mit einem scharfen Messer oder einem Schneidezirkel schneiden Sie die Halbkreise nun aus.

Auf die beiden Halbkreise werden die Glocken geklebt – genau auf die Faltlinie: Die beiden runden Formen können nach hinten gefaltet werden, wodurch sich die Glocken öffnen. Stellt man die Karte auf, so ist es möglich, die Halbkreise festzukleben – zum Verschicken muß die Karte geschlossen werden.

Der Text »läuft« um die Glocken. Dazu ziehen Sie mit dem Zirkel zwei dünne Hilfslinien, die den gleichen Mittelpunkt wie die ausgeschnittenen Kreise haben. Die roten Buchstaben können noch mit goldenen Linien und Kugeln verziert werden.

Diese Papierglöckchen stammen aus Fernost und passen gut zu diesem besonderen Festtagsgruß.

Frohes Weihnachtsfest und Glückliches Neues Jahr

Für diese spielerische Weihnachtskarte benötigen Sie ein Stück farbigen Karton, auf den Sie ein Blatt Papier in einer anderen Farbe kleben. Nur die Ränder des farbigen Papieres sollten aufgeklebt werden. In der Mitte ziehen Sie eine waagerechte Linie: die Falzlinie. Über diese Linie zeichnen Sie einen Stern, der aus der oberen Hälfte ausgeschnitten wird. Die Karte wird nun auf der Falzlinie neben dem Stern angeritzt und umgefaltet. Der Stern bleibt geöffnet stehen, da die Papiere hier nicht verklebt sind. Die verschiedenen Farben sorgen für einen fröhlichen Effekt und die Karte bleibt stehen.

Auf den großen Stern klebt man nun noch andere Sterne, die aus verschiedenen Papieren gerissen oder geschnitten sein können. Der weiße Rand, der beim Reißen entsteht, wirkt wiederum verspielt.

In der gleichen Farbe, in welcher der Text kalligraphiert wurde, können noch Sterne auf die Karte gezeichnet werden; leere Flächen können Sie auf diese Art füllen. Zu solchen kleinen Verzierungen eignet sich ein Silberstift.

Silber und Gold sind für solche Gelegenheiten die richtigen Farbtöne. Man kann sie als Kalligraphiestifte kaufen, allerdings lassen sich auch Plakatfarbe und Eintauchfeder verwenden.

Der Reiz dieser Karte liegt im Kontrast von strengem kalligraphischen Ebenmaß der Schrift zu den frei gerissenen Sternformen.

Gesegnete Weihnacht

Mit einfachen Mitteln läßt sich diese stimmungsvolle Karte herstellen. Der Text wird mit einem goldenen Kalligraphiestift oder goldener Plakatfarbe und Eintauchfeder auf farbiges Papier geschrieben. Sie schreiben, wie aus der Abbildung ersichtlich ist, zweimal um die Ecke, so daß ein Rechteck entsteht.

Vor der Reinschrift empfiehlt sich eine kleine Kompositionsskizze, damit Sie den Raumbedarf der Buchstaben richtig einschätzen.

Wenig über dem Mittelpunkt des leeren Rechtecks markieren Sie einen Punkt und ziehen von diesem aus mit einem dünnen Goldstift oder einer Feder und Plakatfarbe gerade Linien in Richtung der Außenseiten des Rechtecks. Werden alle Linien exakt vom selben Mittelpunkt aus gezogen, entsteht ein strahlender Stern. Die Linien dürfen nicht zu nahe aneinander stehen, da der Mittelpunkt durch die Farbe verläuft!

Um den Text wird das Papier geschnitten und auf einen etwas größeren Karton geklebt. Rechts und links vom Text bleiben zwei gleichgroße Flächen frei, die nach vorn gefaltet werden. Die Karte steht nunmehr. Beide Seitenflächen können noch mit farbigem oder wie hier, mit Goldpapier beklebt werden.

Die Farben werden nach eigenem Geschmack gewählt – Gold paßt beinahe zu allen Farben!

Dieser internationale Weihnachtsgruß läßt sich auch auf ganz persönliche Wünsche hin abwandeln, wenn z.B. Namen auf den Kerzen auftauchen.

Zum Weihnachtsfest gehören Kerzen! Mit dieser Karte können Sie vielsprachig Glück wünschen!

Auf einem dicken Stück farbigen Kartons kalligraphieren Sie den Text mit goldener Plakatfarbe und einer Plakatfeder oder mit einem goldenen Kalligraphiestift. Auf weißem Karton, zum Beispiel Bristolkarton, kalligraphieren Sie die Wünsche in den anderen Sprachen. Links und rechts bleibt ein Freiraum.

Der rote Bogen wird in der Breite doppelt gefaltet, so daß er stehen kann. Den weißen Bogen mit den anderen Texten sollten Sie in Streifen schneiden, so daß auf jedem Streifen ein Text steht. Das werden die Kerzen! Mit einem Goldstift zeichnet man am Ende jeder Kerze eine Flamme, die ausgeschnitten wird. Die freien Räume an der Vorderseite der fremdsprachigen Texte werden auch weggeschnitten, die Streifen über den Text auf den doppelten roten Bogen geklebt. Sie stehen frei im Raum. Unter den Text werden die restlichen weißen Streifen geklebt, die Kerzen scheinen nun durch die Karte gesteckt zu sein.

Diese Weihnachtskarte sollte ungefaltet verschickt werden, da sonst die Kerzen beschädigt werden könnten. Der Empfänger faltet sie und stellt sie auf.

Avocadomousse
Klare Bouillon
Sorbet
Gefüllte Kalbsbrust
Kartoffelpüree
Gemüseplatte
Dessert
Kaffee und Pralinés

Weihnachtsmenü

Ein weißes Blatt Elfenbeinkarton wird in der Mitte gefaltet. Auf der einen Seite zeichnen Sie einen Stern und auf die andere einen Weihnachtsbaum, wonach beide Formen genau ausgeschnitten werden. Zur Betonung der Weihnachtsbaumform wird ein Blatt farbiges Papier hinter den Baum geklebt. Dieses Papier sollte die gleiche Form haben, nur etwas größer. So entsteht wiederum ein farbiger Rand, der die Karte interessanter erscheinen läßt.

Auf die Außenseite schreiben Sie nur »Menü« oder »Weihnachtsmenü« und auf die Innenseite die eigentliche Speisefolge.
Die Höhe der Karte wird durch die Zeilenzahl bestimmt. Bei mehreren Gängen wird die Karte also höher.

Mit einer Menükarte zu den Festtagen können Sie Ihre kulinarischen mit Ihren kalligraphischen Interessen verbinden. Eine solche Karte kann auch mit diesem oder einem anderen Text als Einladung zum Essen verschickt werden.

Wird die gleiche Karte als Grußkarte verwendet, dann kalligraphieren Sie auf der Innenseite Ihre Wünsche. Dazu empfiehlt es sich, die gleiche Farbe zu verwenden, in der der Hintergrund des Weihnachtsbaumes geschnitten wurde.

Menü

Diese Menükarte hat eine besondere Form und kann auch als Wunschkarte verschickt werden. Sie erscheint kompliziert – ist allerdings einfach herzustellen. Ausgangsbasis bildet ein Blatt Papier, das zu einer Harmonika gefaltet ist. Indem Sie waagerechte Schnitte zwischen zwei Falten, die nach vorn stehen, anbringen, können bestimmte Teile nach vorn gefaltet werden. Auf die entstehenden größeren Flächen haben Sie die Möglichkeit, das Menü zu schreiben.

Am besten ist es, wenn Sie erst das Menü kalligraphieren, dann ist die Größe der Flächen leichter zu erkennen. Auf die übrigbleibenden Flächen können Verzierungen und das Wort »Menü« gezeichnet werden. Sie können überall reichlich Distelblätter und Weihnachtskerzen »streuen«. Verwendet man dazu einen Goldstift, entsteht ein vornehmer Gesamteindruck.

Die weiße Harmonika wird mit den äußeren Flächen auf ein doppelt gefaltetes farbiges Papier geklebt – die Karte kann nunmehr stehen.

Als Glückwunschkarte wird ein anderer Text auf die freien Flächen geschrieben. Gefaltet kann die Karte in einem Umschlag verschickt werden.

Hier empfiehlt es sich, erst den Text zu schreiben, dann das Format zu bestimmen, auszuschneiden und zu falten.

M E N Ü

VORSPEISE
Bouillon mit Ei

HAUPTGANG
Lammkotelett mit
Sauce Bearnaise
Gemüseteller

NACHSPEISE
Mousse au Chocolat

Das neue Jahr

Wie ein Weihnachtsstern in den Weihnachtskarten kann auch die Jahreszahl einer Neujahrskarte plastisch hervorgehoben werden. Die Falzlinie dieser Karte aus weißem Elfenbeinkarton bildet die Oberseite der Ziffern. Die zwei anderen Falzlinien befinden sich an der Unterseite der Jahreszahl. Die Karte steht nun in der Form eines M.

Auf der Vorderseite ist der Text kalligraphiert. Verwenden Sie für jede Zeile eine andere Papierfarbe oder wie hier verschiedene Nuancen der gleichen Farbe. Die Zeilen können ausgeschnitten oder gerissen werden. Auf verschiedenen Papieren können Sie natürlich auch mit verschiedenen Farben schreiben. Die Farben lassen sich genau auf den Untergrund abstimmen.

Sollten Sie den Text verkürzen, ist es möglich, die Jahreszahl größer zu schneiden. Dann können die Ziffern noch wie die Sterne der Weihnachtskarten verziert werden (siehe S. 39).

Das Umfeld der Jahreszahl wird nicht weggeschnitten, sondern nach innen geklappt.

44

Der Gegensatz oder Kontrast verschiedener Elemente geben einer Glückwunschkarte ein interessantes Äußeres. In diesem Fall ist der Kontrast zwischen den feinen Buchstabenformen und den groben Ziffern groß. Neben diesem Unterschied wird der Kontrast durch die Verwendung eines anderen Materials für die Zahl – hier Goldpapier – noch verstärkt. Den Ziffern wurde etwas »Schwebendes« gegeben, indem sie mit einem Schatten umzeichnet wurden.

Die Fläche, auf die Sie die Kalligraphie geschrieben haben, wird gerade geschnitten und auf die doppelte Karte geklebt. Dadurch entsteht ein farbiger Rand. Die beiden Farben sollten harmonisch aufeinander abgestimmt sein, indem entweder mit Kontrastfarben oder Ton in Ton gearbeitet wird.

Mit einem Umschlag in einer der beiden Farben entsteht ein geschmackvolles Gesamtwerk. Die Herstellung des Umschlages aus dem gleichen Papier ist vorne beschrieben (siehe S. 13).

Akkurate Schrift und die rauhe Rißkante der Jahreszahl bilden einen reizvollen Kontrast.

Die herausklappbare Figur muß auf der gleichen Linie wie die Hauptfalzlinie, aber entgegengesetzt, also nach außen gefalzt werden.

Der fröhliche Osterhase klappt von selber nach vorn, sobald die Karte geöffnet wird. Das System ist einfach: Sie zeichnen die Form des Hasen genau auf die Faltlinie und schneiden ihn aus. Zwei rechtwinklige Falzungen (als Schnittpunkt wird die Hauptfaltlinie der Karte verwendet) sind nötig, um den Hasen aus der Karte herausklappen zu lassen. Der Hase hält ein Ei fest, das auf seinen Rücken geklebt wurde. Es ist möglich, die Form des Osterhasen noch weiter auszuarbeiten, indem man ihn bemalt bzw. ihm ein Gesicht gibt.

Das gelbe Papier ist über die gesamte Mitte gefaltet, diese Falte wird im Körper des Hasen nach vorn gefaltet. Auf die Falte wird Leim gebracht und das gelbe Papier auf eine violette Kartonkarte geklebt, die etwas größer und ebenfalls in der Mitte gefaltet ist. Der violette Bogen sollte an allen Seiten ca. 5 mm den gelben überlappen. Seine Farbe sieht man durch den ausgeschnittenen Hasen wie einen Schatten. Wiederum können Sie natürlich andere Farben wählen.

Den Text schreiben Sie am besten entlang der Falzung des Hasen – dann bleibt noch genügend Raum, um Namen oder mehr Text auf die Karte zu kalligraphieren.

46

Frohe Ostern

Bemalte Eier auf einer Osterkarte wirken sehr dekorativ. Mit den ovalen Formen können Sie nach Herzenslust spielen: bemalen, schneiden, reißen und kleben.

Im vorliegenden Beispiel sind die Eier aus verschiedenem Papier geschnitten und so angeordnet, daß sie eine Hälfte der Doppelkarte füllen. Es hätten auch mehr oder weniger sein können. Benutzen Sie die Formen, um Namen hineinschreiben zu können, haben Sie eine bestimmte Menge nötig. Die leeren Eier können wie richtige Ostereier bemalt werden.

Der kalligraphierte Text wurde erst mit goldener Plakatfarbe auf ein farbiges Papier geschrieben, danach die ovale Form gezeichnet und das Ganze ausgeschnitten. Das ist die beste Arbeitsweise, da es sehr schwierig ist, den Text in einem Oval harmonisch zu verteilen. Sie müßten sonst verschiedene Ovale füllen, und das ist schade um die Arbeit!

Die Farben sind ziemlich ruhig – stärkere Farben lassen sich auch verwenden. Das helle Braun steht im harmonischen Verhältnis zu den goldenen Buchstaben.

Nicht zu viele oder zu kleine Eier aufkleben. Die Schrift ist unruhig genug.

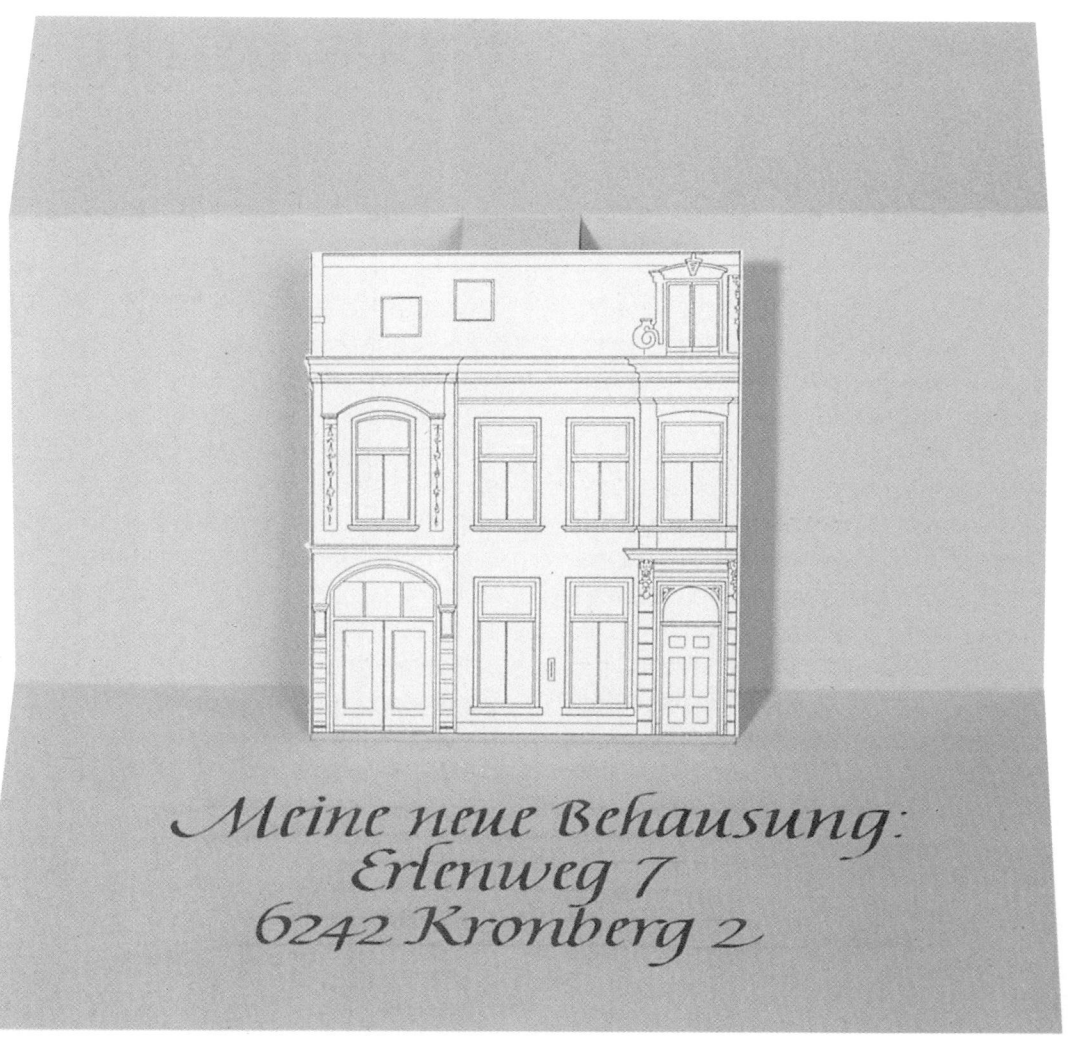

Ein Illustriertenmotiv, ein Foto, eine Zeichnung – irgend etwas Chrakteristisches für Ihr neues Domizil sollte zu finden sein.

Ein Umzug ist eine wichtige Angelegenheit und Anlaß, Karten zu verschicken, um die neue Adresse kundzutun. Haben Sie den Wunsch, eine wirklich originelle Karte herzustellen, eignet sich diese Klappkarte besonders gut.

Dazu benötigen Sie eine Abbildung des neuen Hauses; ein Foto, eine Zeichnung oder auch eine Verkleinerung der Bauzeichnung. Diese kleben Sie in die Mitte eines farbigen Stücks Karton. Die Form des Hauses wird ausgeschnitten, nur die Unterseite sowie eine Lippe an der Oberseite wird stehengelassen. Der gesamte Karton wird in der Breite in drei

Teile gefaltet: das Oberteil nach hinten, das Unterteil nach vorn. Sobald die Karte geöffnet wird, klappt das Haus aus ihr heraus.

Haben Sie am Haus noch einen Garten mit Bäumen, können diese auf die gleiche Weise ausgeschnitten werden und ebenfalls ausklappbar sein. Als Untergrund eignet sich ein Farbfoto aus einer Zeitschrift, das einen Garten oder eine ländliche Umgebung zeigt.

An der Unterseite der Karte ist genügend Platz, einen Text zu kalligraphieren. Verwenden Sie ein Farbfoto vom Haus, kann der Text auch in passender Farbe geschrieben werden.

Ich bin umgezogen

Eine andere kreative Umzugskarte ist diese nette Collage. Auf die rechte Seite eines doppelt gefalteten Bogens Feinkartons kleben Sie farbige Stücke Transparentpapier, die in der gewünschten Form gerissen wurden. Der untere Teil suggeriert eine glühende Landschaft – akzentuiert mit Filzstiftstrichen. Die verschiedenen Papierstreifen werden übereinandergeklebt; eine exakte Formgebung sollte hierbei nicht beachtet werden: nur der Gesamteindruck ist wichtig. Die obere Hälfte der Karte wird mit einem Stück in Blau beklebt – die Luft, über welche noch eine Abbildung des neuen Hauses geklebt wird. Hierzu eignet sich ein Foto.

Die freie Arbeitsweise läßt auch eine freie Art des Kalligraphierens zu. In die blaue Fläche kann man in eigener Handschrift – sehr sorgfältig oder flott geschrieben – den Text setzen.

Dieser Text kann auch auf der Außenseite stehen, mit der neuen Adresse an der Innenseite. Hierfür gibt es genügend Platz in der Collage oder auf der leeren linken Seite. Ein Kriterium ist die Menge des Textes, der geschrieben werden muß.

Auch der Umzug selbst kann bildlich umgesetzt werden.

Alles Gute zum Geburtstag

Ein Geburtstag ist ein Tag für Geschenke. Aber auch ein Tag für die Versendung von Glückwunschkarten. Diese Karte verbindet beide Ideen: ein Kartengruß mit echten Geschenkpäckchen dazu.

Sie schneiden aus dickem Karton rechteckige und quadratische Flächen und umkleben diese mit farbigem Papier. Darum herum bindet man noch Geschenkband in einer passenden Farbe. Diese Päckchen werden auf ein Blatt farbigen Karton geklebt. Hierbei läßt sich natürlich auch ein Geschenkgutschein verarbeiten!

Eines der Päckchen erhält kein Geschenkband: Darauf schreiben Sie den Glückwunsch. Bei der Wahl des Papiers müssen Sie darauf achten, daß es gut beschreibbar ist. Die Farbe der Buchstaben können mit den Farben der Päckchen und des Geschenkbandes harmonieren. Die größte Farbauswahl werden Sie bei der Verwendung von Plakatfarbe haben – man kann alle Farben selber mischen und verwendet eine Schreibfeder.

Diese Karte ist leicht verletzbar und sehr dick. Man sollte sie darum nicht in einem gewöhnlichen, sondern in einem luftgefütterten Umschlag versenden.

Herzlichen Glückwunsch

Herzen sind ein dankbares Motiv für die Verarbeitung in kalligraphischen Wunschkarten. Das gilt auch in Verbindung mit diesem Text. Die Worte »Herzlichen Glückwunsch« werden einige Male wiederholt, die zweite Zeile beginnt mit dem zweiten Wort, die dritte wieder mit dem ersten. Auf diese Art ergibt der geschriebene Text ein regelmäßiges Muster auf dem Papier. In unserem Fall wurde der Glückwunsch einmal geschrieben, danach fotokopiert, ausgeschnitten, aufgeklebt und wiederum fotokopiert.

Aus einer Kartoffel, einem Karton oder einem Stück Linoleum schneiden Sie die Herzform, die als Stempel dienen soll. Mit verdünnter Plakatfarbe stempeln Sie die Herzen, was jedoch erst auf Skizzenpapier geübt werden muß. Jedes Herz wird genau über das Wort »Herz« gedruckt – so entsteht über dem Muster des Textes ein gleichmäßiges Muster von Herzen, was überraschend und interessant wirkt.

Wiederum werden die Farben des Papieres und der Herzen aufeinander abgestimmt, wobei die Farbwahl auch durch Ihr Gefühl für den, der die Karte erhalten soll, mitbestimmt sein sollte.

Das beschriebene und bestempelte Papier kleben Sie auf ein größeres Stück Karton, das in der Mitte gefaltet wird, um es in einem Umschlag zu versenden.

In der Reihung wird Schrift zum Ornament.

Girlanden gehören zu Geburtstagen. Sie sind meist aus verschiedenen Blumen und Bällen zusammengesetzt, die an die Weihnachtsglocken von S. 38 erinnern. Man kann sie einfach aus der Girlande lösen – sie sind nur aneinandergeklebt. Solch ein Teil läßt sich gut als Verzierung auf oder in einer Glückwunschkarte verwerten.

Die Blume oder Kugel wird genau in die Falte der in der Längsrichtung doppelt gefalteten Karte geklebt. Die Farben sollten aufeinander abgestimmt sein. In geschlossenem Zustand ist die Karte flach und kann in einem Umschlag aus dem gleichen Papier verschickt werden. Karte und Umschlag können auch zusammen als Set gekauft werden. Sollte das Papier zum Stehen nicht kräftig genug sein, kleben Sie es auf ein kräftigeres Stück weißen Feinkarton oder farbiges Papier in passender Farbe. Nur die innere Faltlinie muß verleimt werden.

Der Text wird mit Plakatfarbe in einer anderen Farbe kalligraphiert.

Einen dicken Kuß

Mit dieser Karte wird es möglich, einen Kuß zu verschicken. Diese Glückwunschkarte drückt viel aus! Ohne Mühe wird man ein passendes Motiv, hier einen Lippenabdruck, finden können – ein Abdruck mit Lippenstift genügt. Vielleicht muß er noch etwas verstärkt werden. Der Abdruck wird nachgezeichnet oder auf ein Blatt farbiges Papier übertragen. Im letzten Fall mehrmals in verschiedenen Größen. Ober- und Unterlippe sind jeweils etwas verschoben, so daß verschiedene Münder entstehen.

Die Formen werden sorgfältig ausgeschnitten – übrig bleibt ein Papier mit Löchern in der Form von Mündern, und einige lose Münder. Das Blatt mit den Löchern wird auf einen dunklen Untergrund geklebt, wie die rechte Seite der Karte. Auch die losen Münder können verwendet werden, einer steht auf der linken Seite – zu viele würden ein unruhiges Bild ergeben.

Die entstandenen Bögen wurden in diesem Fall nochmals auf einen Bogen Papier geklebt, so daß die Karte aus drei Bögen in verschiedenen Lila-Tönen besteht.

Der kalligraphierte Text steht an der Unterseite – jeder andere Freiraum ist auch geeignet.

Wenn es ein Kuß nicht tut – dann vielleicht mehrere ...

Alles Liebe

Die Stempeltechnik eignet sich besonders für freie, spontane Verzierungen. Für diesen »Blumenstrauß« aus Herzen benötigen Sie nur eine Kartoffel und Plakatfarbe. Aus der einen Hälfte der Kartoffel schneiden Sie ein Herz. Dieser Stempel wird in rosa Plakatfarbe getaucht. In die Farbe mischen Sie stets ein wenig Weiß, so daß ein gleichmäßiger Verlauf der Farben entsteht. Die Farben sollten nicht gut gemischt werden – sie verlaufen von Dunkel nach Hell, wodurch ein spontanes Bild entsteht. Wichtig ist es, den Stempel locker so lange immer wieder auf neue Stellen zu drücken, bis Sie meinen, daß der »Strauß« fertig ist.

Für den Text wurde ein Freiraum gelassen, in den die Buchstaben kalligraphiert werden. Dazu verwenden Sie dieselbe Plakatfarbe und eine Eintauchfeder.

Das gesamte Blatt kleben Sie auf ein Stück kräftiges Papier in der Farbe, die Sie zum Stempeln verwendet haben. Danach wird die Karte gefaltet. Für den Umschlag eignet sich die gleiche Farbe, die für den Untergrund der Karte verwendet wurde. So entsteht eine Einheit.

Der ungleichmäßige Farbauftrag im Kartoffeldruck harmoniert mit jeder Handschrift.

Alles Liebe

Obwohl zur Herstellung und Verzierung dieser Karte nur Buchstaben verwendet wurden, entstehen interessante Motive. Wenn man die Karte geöffnet hinstellt und ein Teelicht oder eine Kerze hinter den Text stellt, wirkt die Karte wie ein Lampion. Der Text beginnt zu strahlen, was gehört noch mehr zu diesem Wunsch?

Zuerst wird der Text mit einer sehr breiten Feder, einem Plakatschreiber oder zwei aneinandergeklebten Bleistiften kalligraphiert. Die Buchstabenformen sind mit dünnem Bleistift auf ein Blatt Feinkarton zu übertragen: Wichtig ist, daß nur ihre Konturen gezogen werden. Am besten verwendet man nur Großbuchstaben, da diese einander an Ober- und Unterseite berühren können. In diesem Fall ist die Wahl auf die Unzialschrift gefallen. Die Buchstaben müssen einander berühren, da ihr Hintergrund mit einem scharfen Messer weggeschnitten wird. Man zieht um den Text herum gerade Linien, die die Buchstaben berühren und den Hintergrund des Textes umgrenzen. Dieser wird dann mit einem Teppichmesser weggeschnitten.

Sobald nur noch der Text übrig ist, falten Sie die Karte und kleben hinter den Text ein Stück farbiges Transparentpapier nach eigener Wahl.

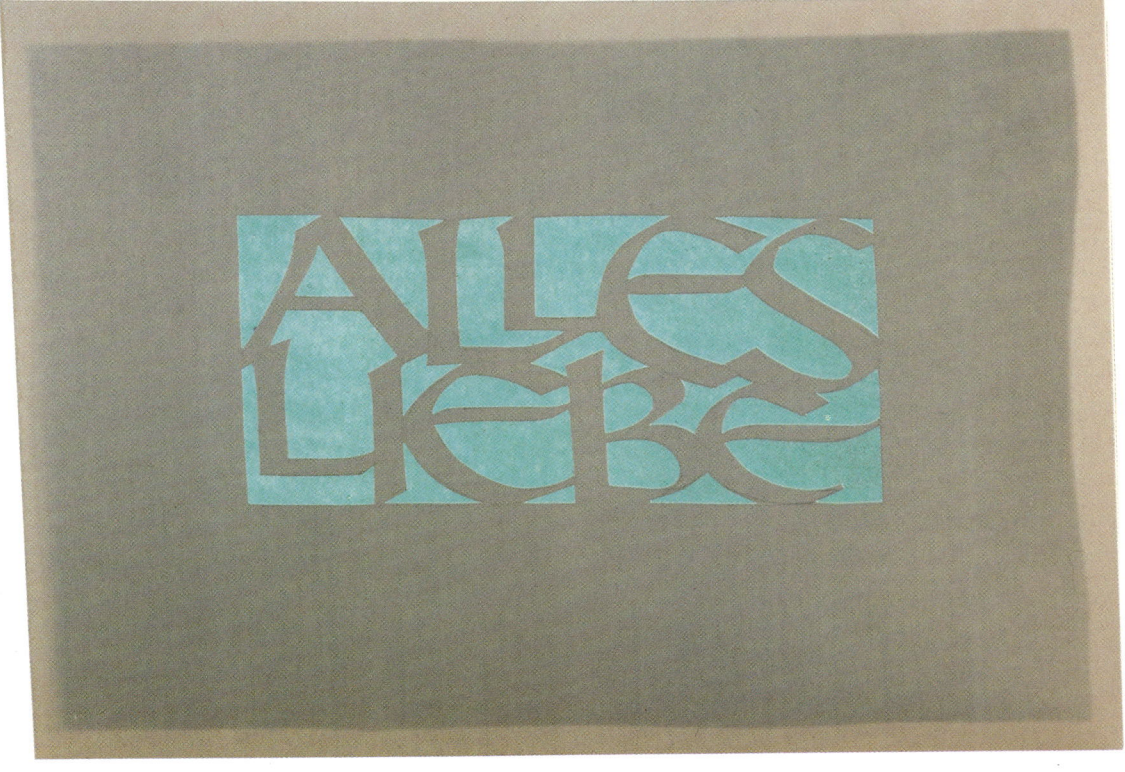

Eine solche Karte kann auch ein Fenster schmücken.

Legen Sie Ihre Kalligraphie hinter das Passepartout und die Karte wird zum ganz persönlichen Gruß.

Im Papiergeschäft kann man fertige Passepartoutkarten mit passendem Umschlag kaufen. Für unsere Glückwunschkarten eignen sie sich hervorragend – die Passepartouts haben sehr verschiedene Formen: rund, oval, quadratisch und rechteckig. Außerdem gibt es diese Sets in vielen Farben. Sofern Sie eine größere Anzahl gleicher Karten herstellen wollen, sparen Sie sich jede Menge Arbeit, wenn Sie die vorgeschnittenen Passepartoutkarten verwenden.

Am besten ist es, eine Karte auszuwählen; eine Karte mit einem Passepartout, das zur Form des Textes paßt. Bei der Einteilung des

Textes sind natürlich die Maße des Passepartouts zu beachten. Der Text wird erst einige Male als Skizze geschrieben, so finden Sie die richtigen Größenverhältnisse. Danach können Sie den Text mit Farbe oder goldenem Kalligraphiestift auf farbigem Papier ausführen.

Sind Sie mit dem Textbild zufrieden, wird es in der richtigen Größe geschnitten, so daß es genau in das Passepartout paßt. Dann auf die Karte geklebt. Es ist möglich, noch eine kleine Verzierung auf dem Passepartout anzubringen, eine gemalte oder geklebte Blume beispielsweise.

56

Ich liebe Dich

Eine Liebeserklärung kann endlos wiederholt werden. Dies ist der Gedanke bei der Formgebung dieser Karte.

Mit einem goldenen Kalligraphiestift, goldener Plakatfarbe oder einer anderen passenden Farbe beschreiben Sie ein farbiges Blatt mit dem Text. Die Wörter sollten versetzt sein, so daß jedes Wort unter einem anderen steht.

Sobald das Blatt regelmäßig gefüllt ist, zeichnen Sie ein Herz von gewünschter Größe auf ein Blatt Papier und legen dies auf die fertige Kalligraphie. Beide werden dann geschnitten.

Es ist auch möglich, das Herz auf die Rückseite der Kalligraphie zu zeichnen und sie auszuschneiden.

Das Herz wird nun auf ein passendes farbiges Stück Papier geklebt, mit einem Goldstift kann man die Konturen noch nachziehen, um sie etwas hervorzuheben. Das gibt dem Ganzen eine besondere Note.

Wird der Text schräg auf das Herz geschrieben oder das Herz schräg aufs Papier geklebt, entsteht eine mehr spielerische, freie Anmutung. An der Unterseite ist Raum für Namen oder andere Mitteilungen.

Form und Inhalt müssen übereinstimmen.

Ich liebe Dich

Der Text »Ich liebe Dich« springt aus der Karte, sobald man sie öffnet. Die Blume, die dann zu sehen ist, besteht aus vier Herzen.

Ein quadratisches Stück Papier wird zweimal in der Mitte gefaltet, das Quadrat, das entstanden ist, falten Sie diagonal. Das Papier hat nun eine Dreiecksform. Eine der Ecken, aber nicht der rechte Winkel – wird kreisförmig abgeschnitten. Die Form der Blume ist fertig. Auf die gleiche Art und Weise falten und schneiden Sie ein kleineres Stück farbiges Papier. Auf dieses wird der Text in einem Halbkreis geschrieben. Auf das vierte Viertel der Blume kann noch ein Herz gezeichnet oder geklebt werden, dadurch wird die Blumenform akzentuiert.

Beide Papiere werden aufeinandergeklebt und als Harmonika ineinandergefaltet, so daß zwei gegenüberliegende Herzen die Außenseite bilden. Diese Herzen werden mit der Spitze in der Faltlinie an beiden Seiten der farbigen Karte verleimt.

Im geschlossenen Zustand ist die Karte flach, sobald man sie hinstellt, kommt die Blume aus der Karte.

Das kleine Herz können Sie verwenden, um Ihren oder den Namen des Adressaten hinzuzufügen.

Wer sich im Kalligraphieren nicht sicher fühlt, sollte sich von der Blume eine Schablone fertigen, die er um sein bestes Textblatt legt, und dann die Kontur ausschneiden.

VIEL GLÜCK FÜR EUCH UND EUER BABY

Für ein sauberes Schriftbild sollte man sich mit Bleistift den Zeilenverlauf zart vorzeichnen.

Babys und Teddybären gehören wohl untrennbar zueinander. Sollten Sie dem Neugeborenen keinen echten Teddy schenken können, so ist diese Bärenkarte ein ausgezeichneter Ersatz und zum Versenden geeignet.

Der Bär besteht nur aus einigen grob gerissenen Formen, die zusammen den Eindruck eines Pandabären erwecken, der auch aus hellen und dunklen Fellteilen besteht. Der Untergrund sollte eine helle Farbe sein, da die hellen Teile des Bären weggelassen werden. Durch ständiges Verschieben der gerissenen Papierteile werden Sie schnell die beste Form erkennen.

In unserem Fall ist die Kalligraphie der Bärenform angepaßt. Mit Bleistift werden dünne Hilfslinien um den Bären gezogen, Anfang und Ende des Textes können frei gewählt werden. Bei dieser Karte wurde das Wort Baby in die Mitte geschrieben: denn das Baby ist das Wichtigste.

Passend zu den Papierfarben können Sie den Text auch farbig kalligraphieren.

Die Karte ist nicht gefaltet, sondern nur auf kräftiges, dunkles Papier geklebt, so daß sie als Verzierung des Kinderzimmers über der Wiege aufgehängt werden kann.

Leere Passepartout-Karten mit passendem Umschlag kann man auch fertig kaufen.

Glückwünsche haben meist einen festlichen Anlaß. Dieser festliche Charakter muß auch in den kalligraphischen Karten zum Ausdruck kommen, nicht nur im Text, sondern auch in den Verzierungen und der Art des Gesamtbildes.

Das Wort »Glückwunsch« tanzt beinahe auf dem Papier: Die Buchstaben stehen nicht auf einer Linie, sondern sind versetzt geschrieben. Ihre Farben variieren ebenfalls, einige sind dunkler als andere. Die Stellung der Buchstaben wurde bewußt gewählt: abwechselnd höher und tiefer. Das zweite Stilmittel ist das Ergebnis der Verwendung von mehr oder weniger Wasser beim Mischen der Farben. Dieser Effekt entsteht zufällig.

Zur weiteren Verzierung des Textes kann er mit Konfetti bestreut werden: Buntes Papier wird mit einem Locher ausgestanzt und auf die Karte geklebt.

Den Rest des Textes schreiben Sie in einer Farbe, die mit den anderen Farben der Karte harmoniert.

Zum Erreichen eines vornehmen Äußeren und als Kontrast zur spielerischen Kalligraphie, wird das Papier in ein Passepartout geklebt, das aus starkem farbigen Karton geschnitten wurde. Er sollte die Farbe des Textes haben.

60

Hurra, Hurra

Zur Geburt eines Kindes kann man die Fröhlichkeit auf unzählige Weisen zum Ausdruck bringen. Der Ruf »Hurra, Hurra« drückt dies bereits genügend aus. Springt ein solcher Text aus dem Gesamtbild der Karte heraus, dann wird er noch auffälliger – er wird noch wichtiger.

Auf einem Stück Karton ziehen Sie zwei Linien. Die Fläche dazwischen wird die Mittelfläche. Oberhalb und unterhalb beider Linien zeichnen Sie die Buchstaben, so daß sie an der Mittelfläche und aneinander befestigt sind. Der Hintergrund wird mit einem scharfen Messer ausgeschnitten.

In den Mittelstreifen kalligraphieren Sie den Rest des Glückwunsches oder des Textes.

Dazu verwendet man einen Goldstift oder eine schmale Breitfeder und Plakatfarbe in einer harmonierenden Farbe. Die beiden Enden des Mittelstreifens werden zu zwei Lippen geschnitten.

Einen starken farbigen Karton verwenden Sie als Untergrund. Auf beiden Seiten des Kartons werden zwei kurze Schnitte in der Größe der Lippen angebracht. Ihr Abstand ist ein Zentimeter kleiner als die Länge des Mittelstreifens. Werden nun die Lippen durch die Schnitte gesteckt und festgeklebt, steht der Text in einem Bogen auf der Karte.

Zum Versenden wird die Reliefkarte auf einer Seite nicht festgeleimt, so daß sie flach aufliegt.

Die besten Wünsche zur Geburt

Diesen fröhlichen Klappbär würde wahrscheinlich jedes Kind über der Wiege haben wollen!

Nehmen Sie zwei Bogen kräftiges farbiges Papier – die Farben können auf das Baby abgestimmt sein: für einen Jungen Blau und für ein Mädchen Rosa. In die Mitte des dunklen Kartons – sie wurde sehr dünn mit Bleistift markiert – zeichnen Sie den Kopf des Bären. Sein Nacken endet auf einer waagerechten Linie, die ungefähr 6 cm lang ist (3 cm auf beiden Seiten der Mittellinie). Der Kopf und die waagerechten Linien werden ausgeschnitten.

Große und kleine Kinder haben Freude an Klappkarten dieser Art.

Danach ritzen Sie die Mittellinie an, allerdings **nicht** über dem Kopf des Bären! Außerdem ritzt man noch zwei schräge Linien von den Enden der Waagerechten zur Mittellinie. Die Karte wird doppelt gefaltet mit der Faltlinie nach hinten. Das Stück unter dem Kopf wird nach vorn gefaltet.

Nun kleben Sie das dunkle Blatt auf einen hellen, doppelt gefalteten Karton und kalligraphieren den Text mit Feder und Plakatfarbe im Ton des hellen Papiers.

Die gleiche Farbe verwenden Sie, um das Gesicht des Bären zu malen – zwei Halbkreise für die Ohren und ein Oval für die Schnauze. Augen, Nase und Mund machen den Bären komplett.

*Soll die Karte ver-
schickt werden, wählt
man am besten eine
gefütterte Versand-
tasche.*

Zu einem festlichen Anlaß ist es üblich, Blumen zu verschenken. Sollten Sie nicht in der Lage sein, selber Blumen zu schenken, können Sie die Blumen auch als Glückwunschkarte verschicken.

In diesem Buch haben wir bereits verschiedene Arten der Verarbeitung von Blumen behandelt. Diese ist vor allem für Kalligraphen, die nicht gut zeichnen können. Sie stellen einen »echten« kleinen Blumenstrauß zusammen. In Geschäften für Dekorationsmaterialien können Sie diese Blumen problemlos kaufen. Meist bestehen sie aus Stoff: Leinen oder Seide, die um einen Eisendraht gewickelt sind.

Als Untergrund verwendet man ein starkes Stück farbiges Papier oder Karton. An der Unterseite ziehen Sie zwei parallele halbkreisförmige Linien. Die untere ist kleiner als die obere. Beide Linien werden ausgeschnitten. In der Mitte, rechts und links ritzen Sie das Papier an, so daß vier gleichgroße Flächen entstehen. Den Abstand zwischen den Halbkreisen aber nicht ritzen! Die Karte wird nun in der Form eines W gefaltet – in den Halbkreis, der entsteht (das Blumenkörbchen) – kleben Sie den Blumenstrauß. Die Karte kann nicht völlig flach gefaltet werden, kann aber gut stehen.

Auf die rechte und linke Seite der Karte kalligraphieren Sie den Text in einer passenden Farbe.

Danke schön

Eine Karte wie diese kann auch als Ersatz für echte Blumen dienen. Je nachdem wie talentiert Sie sich fühlen, können Sie Ihren Strauß größer oder kleiner machen.

Vorlagen findet man in Zeitschriften, in Werbeanzeigen und Reklameprospekten in Form von herrlichen Farbfotos. Ich empfehle Ihnen, sich ein kleines Materialarchiv anzulegen – Dinge des täglichen Lebens zu sammeln, die man später zum Kartenbasteln verwenden kann.

Die Karte wurde aus einem kräftigen, farbigen Karton gearbeitet, der doppelt gefaltet wurde. An beide Seiten klebt man zwei kleinere farbige Papierstücke an. Die Farbe sollte zu den Blumen passen, die ausgesucht wurden!

Auf die rechte Seite kalligraphieren Sie den Text, etwas oberhalb der Mitte. Alle übrigen Freiräume können Sie bekleben und dekorieren. Dazu eignet sich auch die linke Seite der Karte. Bei unserem Entwurf wurde ein ruhiges Bild als Ausgangspunkt gewählt.

Passend zur Farbe der Blumen läßt sich der Text auch in Gold, Silber oder anderen Farben kalligraphieren.

Denk mal wieder an mich

Ein Gedanke kann wie ein Gemälde aus lauter Buchstaben dargestellt werden. Farbe und Buchstabenform drücken dabei Ihr Gefühl aus. Bei dieser Karte ist durch die Farben Violett und Gold ein leicht melancholisches Bild entstanden.

Der Eindruck eines Gemäldes wird durch zwei Faktoren hervorgehoben: Einerseits durch den Text, andererseits durch das Passepartout. Die goldene Plakatfarbe wird mit viel Wasser verdünnt, so daß die Buchstaben am Ansatz dunkler sind als im Verlauf. Dadurch ist der Text geschmeidiger, vielleicht auch etwas unruhiger. Der Eindruck entsteht, obgleich Sie die Buchstaben völlig gerade kalligraphieren.

Die Größe des Textes bestimmt die Größe des Passepartouts: An der Ober- und Unterseite bleiben ca. 1 cm frei, die beiden Seiten berühren den Text. Die Farbe des Passepartouts sollte der des Kalligraphiepapiers ähneln. Zur völligen Ausarbeitung des Arbeitsstückes ziehen Sie um das Passepartout mit einem Goldstift einen goldenen Rahmen.

Die Hauptidee dieser Karte ist, daß der Adressat diese Mitteilung an die Wand hängt zur ständigen Erinnerung!

Sollten Sie die Karte etwas zu traurig finden, können Sie kräftigere Farben wählen. Dann entsteht ein fröhlicherer Ton.

Viel Glück

Das vierblättrige Kleeblatt ist das Symbol des Glückes: Es läßt sich vielfältig auf Karten verarbeiten.

Für die Herstellung einer solchen geprägten Karte benötigen Sie eine Bücherpresse oder zwei Bretter und Holzzwingen (siehe Kapitel »Prägen«, S. 32). Mit diesen Hilfsmitteln ist die Prägung leicht möglich. Sie nehmen ein Stück Karton und zeichnen die Anzahl Kleeblätter, die Sie benötigen. Man schneidet die Kleeblätter aus und klebt sie auf einen Bogen Papier, der das Format der Glückwunschkarte haben sollte. Das eigentliche Kalligraphiepapier wird mit einem nassen Tuch befeuchtet und auf die Prägeform gelegt. Das Papier wird unter Druck eine Nacht getrocknet – am nächsten Tag sind die Kleeblattformen haarscharf ins Papier geprägt.

In den Zwischenräumen haben Sie genügend Platz, den Text zu kalligraphieren, wie hier zum Beispiel als Band, das den Prägeformen folgt. Die Anordnung ist jedem freigestellt, nur muß das Gesamtbild spontan wirken.

Das Kalligraphieblatt wird rechteckig geschnitten und auf einen Karton in der Text- oder einer Kontrastfarbe geklebt.

Für den Anfang sollte man sich den Zeilenverlauf mit Bleistift vorzeichnen.

Statt Blumen

Einzelne Blumen können Sie zu einem prächtigen Strauß wie auf dieser Glückwunschkarte stempeln. Sie wählen die Farben frei, um den schönsten Strauß der Welt zusammenzustellen.

Es genügt, zum Stempeln ein Herz aus einer Kartoffel oder Linoleum zu schneiden. Als Untergrund gebrauchen Sie ein Stück farbiges Papier. Auf einer kräftigen Untergrundfarbe möchte man in gedeckten Farben stempeln, auf einem gedeckten Untergrund können die Blumen mit kräftigen Farben ausgeführt werden. Die Herzen werden mit den Spitzen aneinander gestem-

pelt – vier bis fünf bilden eine Blume. Die Mitte jeder Blüte kann durch einen kleinen Kreis betont werden. Auch dieser läßt sich z.B. mit der Hülle eines Federhalters stempeln.

Beim Stempeln ist darauf zu achten, daß genügend Platz für den Text übrigbleibt. Um die Farben der Blumen zu betonen, sollte der Text mit schwarzer Farbe geschrieben werden. Weiß und Schwarz akzentuieren andere Farben!

Für die nötige Steifheit der Karte und um einen schönen Farbrand zu erhalten, kleben Sie das Blatt auf ein Stück Farbkarton.

Das Stempeln macht auch Kindern viel Spaß. An einer solchen Karte können groß und klein zusammenwirken.

Illustrationen in Aquarell passen hervorragend zum kalligraphischen Schriftbild.

Zum Muttertag sollte man Blumen schenken. Ein talentierter Maler müssen Sie bei dieser Karte nicht sein. Ein wenig Gefühl für Farben genügt.

Sie nehmen einen Bogen rauhes Zeichen- oder Aquarellpapier – keinen Feinkarton, da dieser für Plakatfarbe zu glatt ist – und ziehen in der oberen Hälfte einen Kreis. Weiterhin benötigen Sie noch einen Pinsel und Plakat- oder Aquarellfarbe. Man mischt eine hellgrüne Farbe für die Blätter und legt den Kreis farbig an, indem man den Pinsel ausdrückt. Man taucht ihn zuvor in die Farbe und drückt die Haare dann flach aufs Papier.

Zwischen den Blättern lassen Sie Freiräume – hier sollen die Blüten gemalt werden. Eine rosa Farbe wird mit etwas Blau und Weiß gemischt und damit werden die Freiräume ausgefüllt. Der Kreis aus willkürlichen einzelnen Tupfern ist nunmehr ein Blumenstrauß geworden.

Unter den Strauß schreiben Sie mit einer Tauchfeder in derselben Blütenfarbe Ihren Wunsch.

Zum Schluß wird das Papier rechteckig geschnitten und in eine Doppelkarte geklebt, deren Farbe die Blüten- oder auch Blattfarbe ist. Wahl nach eigenem Geschmack.

Gerade hab ich an Dich gedacht

Je mehr man nach Verzierungen sucht, desto mehr wird man finden. Von einer Idee entsteht wie von selber die nächste. Die Grundidee dieser originellen Karte ist die Herstellung einer Blume.

Im Papiergeschäft kann man Tropfdeckchen mit ausgestanzten Mustern kaufen oder auch Papiere für Kerzen. Die Muster und Abmessungen sind vielseitig und können miteinander verbunden werden. Die Blüte ist dann bereits komplett.

Auf ein farbiges Stück Papier ziehen Sie zwei Kreise, in welche die Blume paßt. Um die Blüte herum wird der Text kalligraphiert, wonach das Papier rechteckig geschnitten wird. Nunmehr kleben Sie das Papier in eine doppelte, farbige Karte, in die Sie ein Loch schneiden, um mit einem Splint die Blüte zu befestigen. Am Kopf des Splintes können Sie zur Verzierung noch zwei Herzen anbringen, die Ihre liebe Mitteilung noch bekräftigen.

Die Farbe des Papiers und des Textes bilden ein harmonisches Ganzes.

Wie man eine solche »Randschrift« anlegt, ist auf Seite 26 nachzulesen.

Liebes Silberpaar

Mit einfachsten Hilfsmitteln erreicht man schnell prächtige Resultate. Eine der ältesten Verzierungen einer Kalligraphie ist der Schnörkel, der von vielen Kalligraphen kunstvoll ausgeführt wird.

Bei dieser Karte sollten Sie mit dem Text beginnen. Es ist wichtig, verschiedene Schriftarten und Anordnungen auszuprobieren. Sie werden schnell erkennen, daß bestimmte Arbeitsweisen geeigneter als andere sind. Haben Sie die beste Anordnung gefunden, bringen Sie noch kleine Details an, um das Gesamtbild zu verbessern. Die

Schönheit dieser Karte wird durch den unteren Strich des L geprägt, der eine Einheit mit dem S bildet. Das S ist mit einem Schnörkel versehen, eine Gegenbewegung bildet der Abstrich des p.

Hat man die beste Einteilung und Verzierung gefunden, wird das Arbeitsstück mit Pinsel und Plakatfarbe oder Plakatfeder sorgfältig auf Kalligraphiepapier übertragen. Die Farben des Papiers, des Kartons und der Plakatfarbe sollten harmonisch aufeinander abgestimmt sein.

Silberne Plakatfarbe ist das Angemessene für diesen Anlaß.

im neuen Beruf

*Auf sauberen Schnitt
mit einem scharfen
Papiermesser ist hier
zu achten.*

Ein goldenes Glücksschwein gemalt wird kein gleichmäßiges Resultat liefern. Daher sollte man dazu eine selbstklebende Goldfolie oder Plastikfolie verwenden. Sie beginnen mit dem Schreiben des Textes. Der Text wird danach mit der Silhouette eines Schweinchens hinterlegt, so daß er in der Mitte steht.

Diese Formen sind auf die Goldfolie zu übertragen. Sorgfältig werden die Buchstaben ausgeschnitten. Diese können Sie noch für eine andere Karte verwenden! Danach schneidet man die Konturen des Schweins aus, entfernt die Schutzfolie und klebt die Figur auf ein Stück farbiges Papier.

Das Papier wird nun auf einen farbigen Doppelkarton geklebt, wobei darauf zu achten ist, daß an der Unterseite genügend Platz für den Rest des Textes bleibt. Dieser sollte in Schwarz geschrieben werden – der Kontrast zum Gold ist dann gegeben. In der Auswahl des Textes sind Sie ungebunden – ein Glücksschweinchen paßt zu den verschiedensten Anlässen!

Sei heiter!

Auf dieser und der nächsten Seite sind kalligraphische Karten abgebildet, in denen mehr als nur eine Textzeile verarbeitet wurden. Sie sollen Sie zu eigenen Ideen für Ihre persönlichen Texte inspirieren. Texte findet man in Büchern mit Zitaten, Sprüchen, Weisheiten und Wünschen.

Es ist nicht einfach, einen längeren Text auf eine originelle Art zu schreiben, ohne daß die Einheit der Zeilen zerstört wird. Die Aussage des Textes muß erkennbar bleiben. Sie müssen die Gesamtkompositionen der Textbilder vorher festlegen.

Ein Fächer aus Farben und Wünschen.

Dazu kalligraphieren Sie jede einzelne Zeile auf ein Blatt Farbpapier. Die Farben sind vorher auszuwählen, sie sollten miteinander harmonieren. Die Zeilen werden in Streifen geschnitten – vorne sollte etwas Papier überstehen. Die Streifen werden übereinandergelegt und der Stapel gelocht. Man kann die Reihenfolge von unten nach oben oder umgekehrt wählen.

Mit einem Splint werden die Streifen an einem Umschlag aus kräftigem, farbigem Karton befestigt. So ist ein flaches Büchlein entstanden, dessen Text wie auf einem Fächer lesbar ist.

Die Außenseite der Karte kann noch verziert werden. Es genügt, den Namen des Adressaten darauf zu schreiben.

Kein Fieber mehr?

Verse und Gedichte benötigen eine größere Fläche, um voll zur Geltung zu kommen. Diese Fläche können Sie auf eine Art gestalten, daß ein buntes und spannungsvolles Textbild entsteht. Man kann farbiges Papier verwenden, kann aber auch die Fläche selber färben. Dazu gibt es verschiedene Techniken.

Auf Aquarellpapier kann man mit Wasser- oder Plakatfarbe eigene Farbtöne mischen, die im Handel nicht erhältlich sind. Mischt man die Farbe mit viel Wasser, entstehen helle transparente Pastelltöne. Fügt man immer mehr Wasser hinzu, verläuft die Farbe in immer hellere Töne. Mit einem breiten Pinsel können Sie so einen schönen Untergrund herstellen.

Auf Farbe läßt sich nicht gut mit Tinte oder Tusche schreiben, da sie verläuft. Darum verwenden Sie besser eine Tauchfeder und Plakatfarbe. Die benötigte Harmonie entsteht, wenn man für den Text eine Farbe wählt, die zum Untergrund paßt. Um es stabiler zu machen, kleben Sie das Aquarellpapier auf ein Stück farbigen Karton, der zum Schutz an beiden Seiten gefaltet wird. So bleibt die Karte stehen.

Auf aquarellierten Untergründen sollten Sie nicht mit Tinte oder Tusche, sondern mit verdünnter Plakatfarbe schreiben.

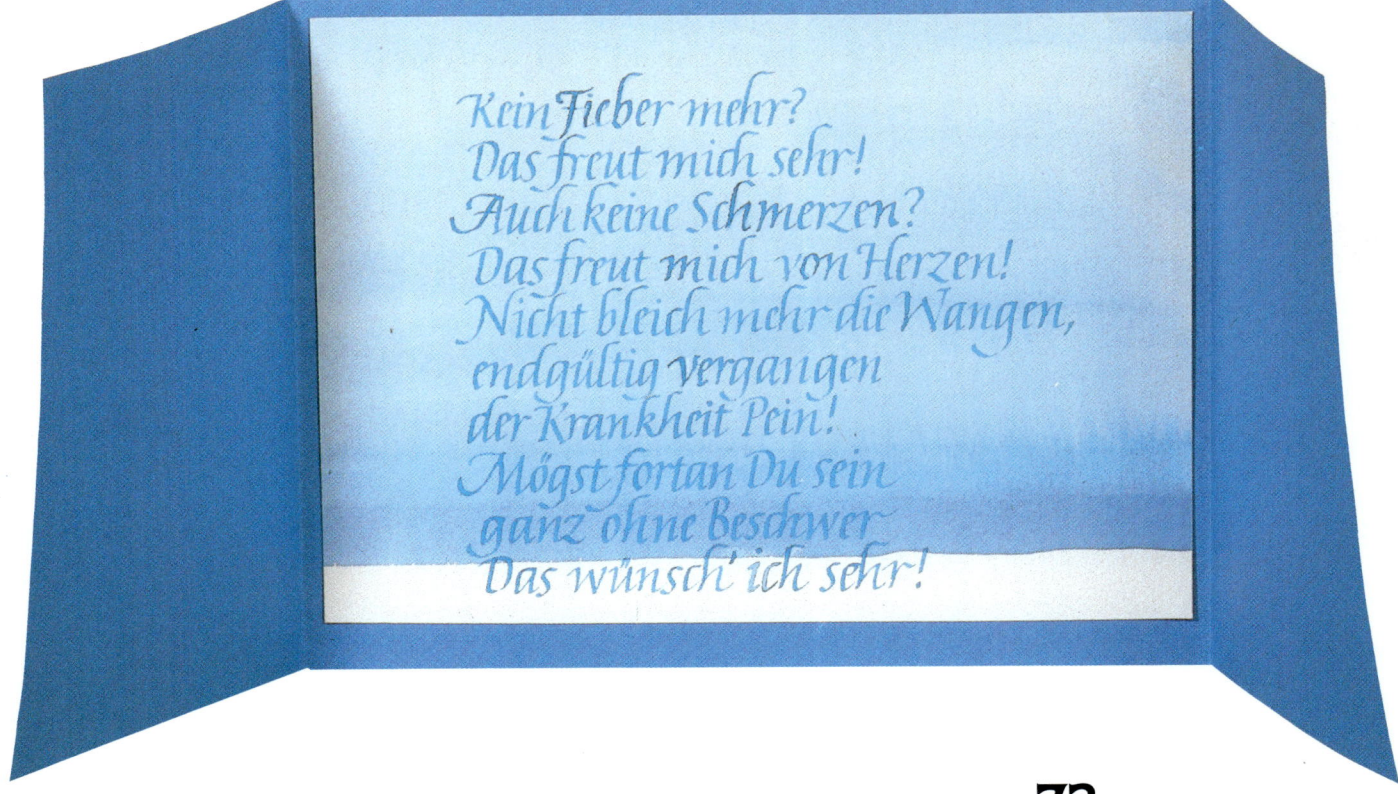

Kein Fieber mehr?
Das freut mich sehr!
Auch keine Schmerzen?
Das freut mich von Herzen!
Nicht bleich mehr die Wangen,
endgültig vergangen
der Krankheit Pein!
Mögst fortan Du sein
ganz ohne Beschwer
Das wünsch' ich sehr!

Wir senden mit dieser Karte

Bei dieser Wunschkarte mit einem längeren Text verwenden Sie zwei verschiedene Farben, um damit Vorder- und Hintergrund auf interessante Weise zu verbinden.

Den Hintergrund des Textes bilden geschnittene, goldene Streifen. Diese Streifen brauchen nicht gerade zu sein, ihre Breite variiert: mal dick, mal dünn in einer fließenden Linie.

Klebt man diese auf farbiges Papier, entstehen willkürliche Freiräume, die für die Kalligraphie verwendet werden. Die Buchstaben sollten beinahe die Höhe des Streifens haben. Die Folge ist eine Schrift, die der zufälligen

Höhe der Zeile angepaßt ist. Sie erscheint wie ein Banner, das im Winde weht. Der dynamische Charakter der Kalligraphie bewirkt einen spielerischen und überraschenden Effekt.

Das Ganze wird rechteckig geschnitten und auf Farbkarton geklebt, der gefaltet werden kann. Die Farbe des Papiers und der Tinte werden nach Geschmack ausgewählt und harmonisch aufeinander abgestimmt.

Durch den zweifarbigen Untergrund wirkt diese Karte wie ein Streifenbanner.

Wer wie Du

Umgekehrt zur vorigen wurde bei dieser Karte gearbeitet. Erst wird der Text auf normale Art kalligraphiert: die Buchstaben haben die gleiche Höhe. Um einen besonderen Effekt zu erreichen, schreibt man die Zeilen schräg, das wirkt immer interessant! Die Zeilen haben die gleiche Schräge, wie die verwendete Kursivschrift. Dadurch stehen die Buchstaben senkrecht auf dem Papier. Den Zeilenabstand halten Sie ziemlich groß und achten darauf, daß die Zeilen die gleiche Länge haben.

In den Zeilenzwischenräumen ziehen Sie mit Goldstift oder einem Pinsel und goldener Plakatfarbe Striche. Sie müssen aus

der freien Hand gemalt werden, da sonst die nötige Spontanität verloren gehen würde.

Die goldenen Linien können noch mit goldenen Sternen oder Zwischenlinien verziert werden, die ebenfalls mit einem Goldstift anzubringen sind.

Nachdem das Papier rechteckig geschnitten ist, kleben Sie es auf einen Bogen farbigen Karton in einer Farbe, die mit den übrigen Farben des Arbeitsstückes harmoniert. Aus diesem Papier stellen Sie auch den Umschlag her, um somit die gewünschte Einheit zu erhalten.

Zuerst wird der Text kalligraphiert und dann die einzelnen Zeilen exakt im Winkel der Kursivschrift montiert.

In fünfzig Jahren

Schneiden, Reißen und Kleben sind andere Techniken, mit denen man schöne Untergründe für kalligraphische Karten vorbereiten kann.

Bei diesem Text, einem kleinen Gedicht, kann man für jede Strophe eine andere Papierfarbe wählen. Auf die rechte Seite eines Transparentpapiers wird jeweils eine Strophe geschrieben. Diese rechte Seite wird unter und über dem Text gerade abgeschnitten, die linke, unbeschriebene Seite auf nonchalante Art gerissen.

Die Streifen werden nun untereinander auf ein farbiges Stück Papier geklebt – in diesem Fall Goldpapier. Auf der linken Seite entsteht aus den gerissenen Streifen ein abstraktes Kunstwerk; spielerisch mischen sich die Farben der transparenten Streifen.

Das gesamte Papier ist auf einen Bogen Feinkarton zu kleben. Man sollte sich auf weißes Papier beschränken, da die Karte sonst zu bunt und unruhig wird. Aus diesem Grund wurde der Text auch in Schwarz geschrieben.

Der Untergrund ist farbig und unruhig, deshalb wurde eine gerade Schrift und einheitliche schwarze Tinte gewählt.

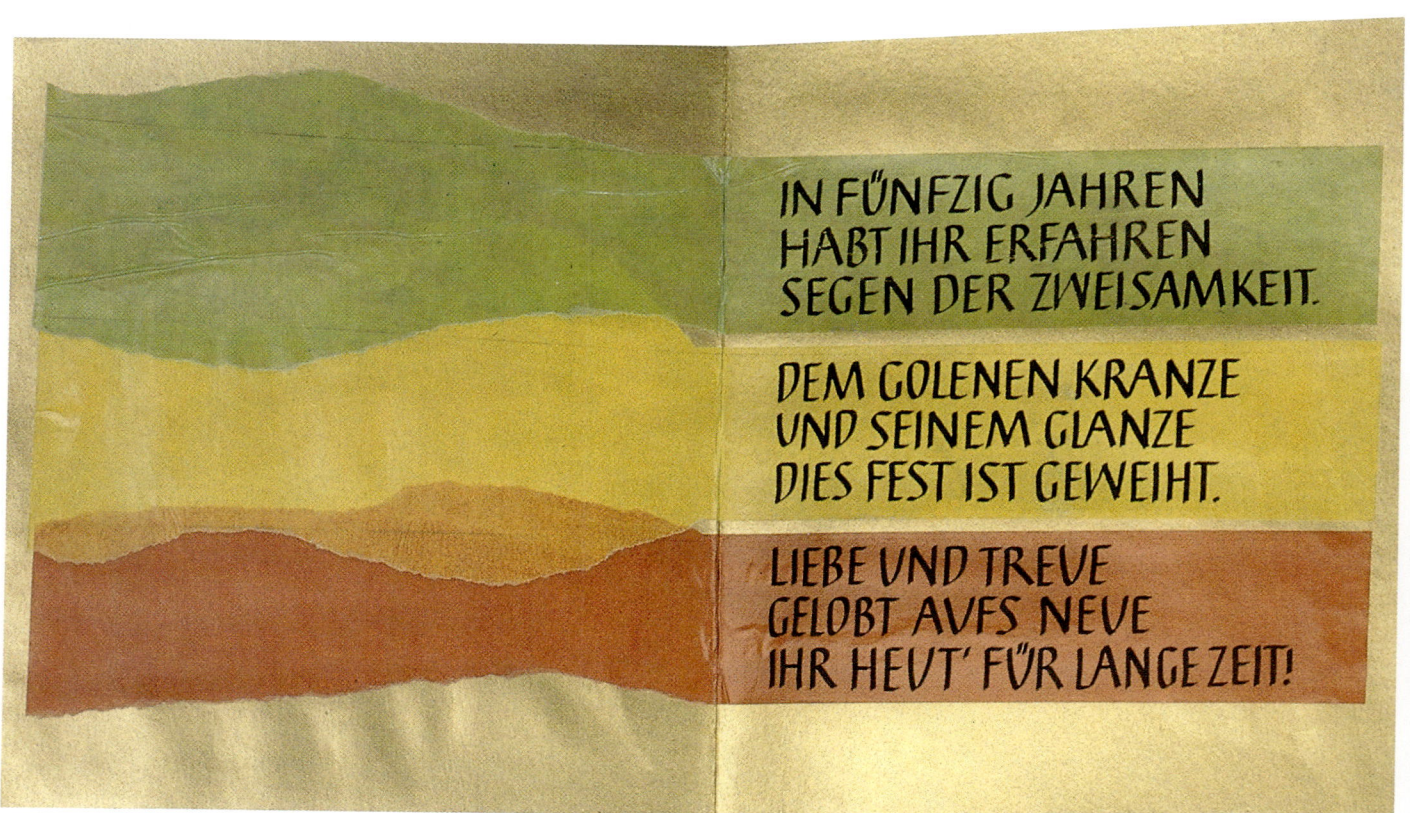

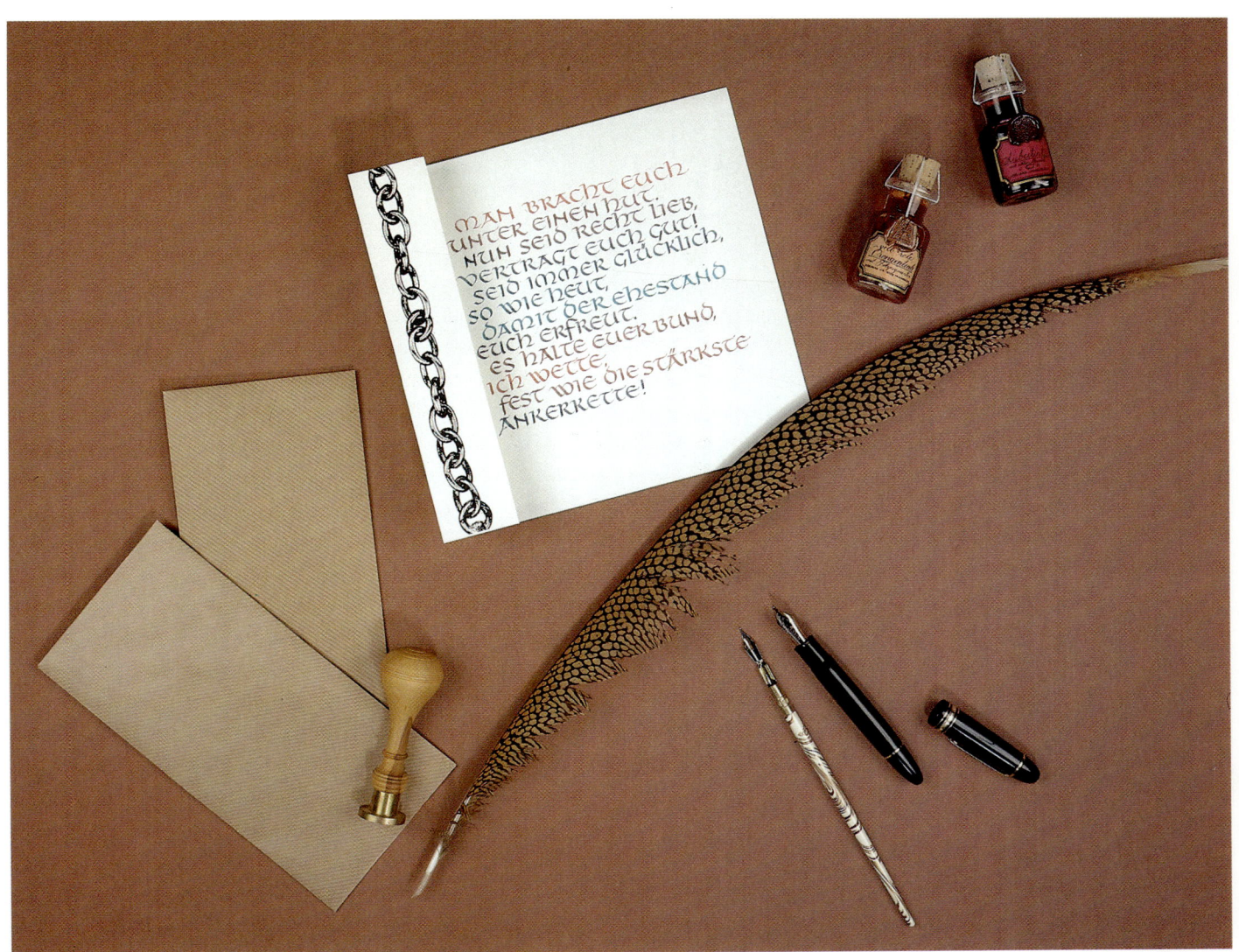

Ein einfaches Mittel, einem längeren Text einen fröhlichen Charakter zu geben, ist die Variation der Farbe oder der Wechsel der Tinte.

Sie beginnen in einer bestimmten Farbe zu schreiben, zum Beispiel in Rot, und schreiben damit eine Zeile. Bevor Sie mit der nächsten Zeile beginnen, geben Sie der Farbe ein wenig andere Farbe hinzu – in diesem Fall Blau. Die nächste Zeile wird dadurch bräunlich. Danach folgt die nächste Mischfarbe, die Zeile wird violetter. So variieren Sie immer weiter, bis Sie wiederum eine neue reine Farbe verwenden können, die im folgenden ebenfalls vermischt wird.

Nach der Aussage des Textes kann man kräftige oder gedeckte Farben verwenden. Es ist ebenso möglich, nur eine Grundfarbe auszuwählen und diese ständig zu mischen: heller und dunkler, transparenter und deckender.

Der Inhalt des Textes gibt vor, ob man ihn noch mit Verzierungen versehen soll. Unser ausgewählter Text wurde entsprechend seiner Aussage mit einer Kette verziert, die senkrecht neben die Kalligraphie gesetzt wurde. Durch die Faltung kann die Karte flach verschickt werden, aber auch auf einen Tisch gestellt, kommt sie zu voller Wirkung.

Der Wechsel der Tinten bedingt genügend Farbigkeit.
Für Schreibpapier und Umschlag auf neutrale, dezente Töne zurückgreifen.

77

Unser tiefes Beileid

Eine eigenhändig kalligraphierte Trauerkarte ist ein Zeichen großer persönlicher Verbundenheit.

Bei einem Todesfall bringen Sie auf ruhige, würdige Weise ihre Anteilnahme zum Ausdruck. Das wird zunächst die Wahl des Papiers beeinflussesn: Sie werden in stimmungsvollen, gedeckten Farben arbeiten. Dabei ist vor allem an Grau- und Violettöne zu denken.

Auch für den Text sollte man keine helle Farbe verwenden, Schwarz wird in den meisten Fällen passend sein. Auf dunklem grauem Papier können Sie aber den Text auch Weiß kalligraphieren. Die ruhigste und unauffälligste Komposition ist symmetrisch: Alle Zeilen orientieren sich an einer Mittellinie.

In unserem Fall ist die Ausgewogenheit des Textbildes durch das Kreuz unterstützt, das es durchläuft: zwei dünne Linien, die mit einem Silberstift und Lineal gezogen wurden. Das ist die einzige Zierde der Karte, mehr wird auch nicht nötig sein.

Die Kalligraphie und ein gleich großes Stück Papier werden rechteckig geschnitten und auf die Innenseiten einer Faltkarte geklebt. Aus dem gleichen grauen Papier können Sie auch den Umschlag herstellen.

Für diesen Anlaß verbietet sich jede aufgeregte Kreativität im Kartenentwurf.

Endlich wieder zu Hause

Das frohe Ereignis der Rückkehr aus dem Krankenhaus ist ein willkommener Anlaß, diese lustige Klappkarte zu versenden.

Die Gipsbeine, auf denen der Glückwunsch kalligraphiert ist, können für jeden Anlaß verwendet werden – nicht nur für einen Patienten mit Skiunfall! Die beweglichen Beine sind lustig gemeint, als Symbol der Krankheit.

Sie falten einen Bogen Papier in einem fröhlichen Farbton in der Mitte. Auf beiden Seiten der Faltlinie schneiden Sie das Papier ungefähr 3 cm ein und falten die zwei Stücke in dreieckiger Form nach innen, gegen die Faltrichtung des Bogens. Nun werden auf die Dreiecke zwei kleine rosa Papierchen geklebt und darauf die Gipsbeine.

Die Länge der Beine hängt von der Textlänge ab. Darum ist es sinnvoll, erst den Text zu schreiben und ihn danach mit den Konturen der Gipsbeine zu umzeichnen und auszuschneiden. Auf diese Art haben Sie immer genügend Platz, nur die Beine werden länger oder kürzer.

Das Blatt mit den sich bewegenden Beinen wird in einen farbigen Karton geklebt.

Herzlichen Glückwunsch zur Verlobung

Zur Verlobung paßt ein Herz als Zeichen der Treue.

Auf einem farbigen Papier werden Herzen verschiedener Abmessung wie ein Muster mit einem Plakatschreiber und Plakatfarbe in weichen Farben gezeichnet, darüber wird der Text kalligraphiert. Nun kennen Sie die Größe des Herzens, das Sie als Rahmen benötigen. Das Herz wird mit Bleistift gezeichnet und ausgeschnitten.

Aus verschiedenfarbigen Papieren schneiden Sie noch einige Herzen, jedes etwas größer als das vorige. Alle Herzen werden übereinandergelegt und sorgfältig in der Mitte gefaltet.

In einer doppelt gefalteten Karte aus farbigem Papier – die Farbe kann kräftig sein – befestigen Sie die Herzen. Dazu gibt es mehrere Möglichkeiten: Alle Bögen und Herzen können in der Falte verleimt werden. Man kann sie mit Nadel und Faden vernähen oder eine Nietmaschine verwenden. Auf jeden Fall entsteht eine Form, die der einer aufgeschnittenen Zwiebel ähnelt. Die fröhlichen Farben können nach persönlichem Geschmack variiert werden.

Das Herz, das Symbol der Liebe und Treue, eignet sich für viele Anlässe: Hochzeitstage, Muttertag, Liebesgrüße . . .